我哭！我闹！我生气！
孩子动不动就乱发脾气，
妈妈怎么办？

乔学兰◎著

北京理工大学出版社
BEIJING INSTITUTE OF TECHNOLOGY PRESS

图书在版编目（CIP）数据

我哭！我闹！我生气！孩子动不动就乱发脾气，妈妈怎么办？/乔学兰著. —
北京：北京理工大学出版社，2019.3

ISBN 978 - 7 - 5682 - 6621 - 5

Ⅰ.①我… Ⅱ.①乔… Ⅲ.①儿童教育－家庭教育 Ⅳ.①G781

中国版本图书馆CIP数据核字（2019）第006262号

出版发行/北京理工大学出版社有限责任公司

社　　址/北京市海淀区中关村南大街5号

邮　　编/100081

电　　话/（010）68914775（总编室）
　　　　　（010）82562903（教材售后服务热线）
　　　　　（010）68948351（其他图书服务热线）

网　　址/http://www.bitpress.com.cn

经　　销/全国各地新华书店

印　　刷/三河市华骏印务包装有限公司

开　　本/710毫米×1000毫米　1/16

印　　张/11　　　　　　　　　　　　　　责任编辑/申玉琴

字　　数/116千字　　　　　　　　　　　　文案编辑/申玉琴

版　　次/2019年3月第1版　2019年3月第1次印刷　责任校对/周瑞红

定　　价/29.80元　　　　　　　　　　　　责任印制/施胜娟

前言

曾经有一位妈妈说："养育孩子的过程就像坐过山车。他刚出生时我手忙脚乱，好不容易渐渐上手了，好比过山车开始缓慢地爬坡，让你觉得可以舒心了。结果一过3岁，立刻一个急转直下，他开始有自己的想法了，变得叛逆了，学会发脾气、使性子了，就像过山车一路飞过去，根本刹不住闸。他总能有办法让你焦头烂额，完全不知道应该怎么应对。"

你有没有这样的感觉呢？不说别的，单就孩子动不动就要性子、发脾气这一点来说，相信很多妈妈都会觉得头疼难耐。因为孩子一旦闹起来，真是毫无理性可言的，他会因为各种你意想不到的小事发脾气，"我不要""我就要"……让你完全无法判断他到底想干什么。

不仅如此，处在要性子、发脾气状态下的孩子，并不会轻易就接受妈妈的开导或教育，他们会委屈地哭起来，也许是抱怨刚才自己的愿望为什么没有实现；他们还会开始"胡闹"，但具体目的是要实现愿望还是发泄自己的情绪，他们自己其实也不清楚。

面对这样的孩子，你也许会陷入两难的境地，一方面想要好好教育他，希望他不要这么"没大没小"地乱发脾气、乱使性子；另一方面，如果你自己意志不够坚定，可能就会开始犹豫了，因为孩子若是哭闹得厉害，性子太过暴躁，可能也并不是你希望看到的。

每个孩子都会有情绪不好的时候，因为年龄和能力的问题，他们无法更好地掌控自我，会忍不住要性子、发脾气，作为妈妈，应该有更成熟的表现，那到底应该怎么办呢？需要找一找孩子要性子、发脾气的原因，看看人生前十几年的叛逆期对他的情绪会有多大的影响；也需要合理地接纳、理解、认同孩子的情绪，耐心倾听，帮他释放。同时，还要让爱与管教齐头并进，帮助孩子学会如何掌控情绪；也要及时对他进行疏导，不让他成为情绪的奴隶。

　　更具体的教育方案，就在这本书中。本书提供了一些可实际操作的方法，当你遇到孩子类似的问题，不妨尝试使用这些方法，希望这本书能给你的亲子教育提供一些方法上的参考与借鉴。

　　当然，每个孩子都会有自己的特点，你要做一个了解孩子的妈妈，不要盲目地直接套用任何方法，更不要因为方法不管用就觉得孩子没救了。最适合孩子的方法，是妈妈经过观察了解之后的"对症下药"。

　　相信每一位妈妈通过认真的思考、学习，都能成为更有智慧的妈妈，带领孩子尽快摆脱情绪的困扰。祝福你和你的孩子！

目 录

第一章　孩子动不动就耍性子、发脾气，妈妈怎么办？

好像天使一般温顺可爱的孩子，某一天突然变身为刺猬，动不动就张开一身的小刺，随意地发着脾气，毫无顾忌地耍着性子，让人完全无法靠近，不知道应该怎么应对。这就让一直以为能将教育平稳进行下去的妈妈感到疑惑了，孩子为什么会变成这个样子呢？

第二章　了解孩子的三个叛逆期
——正确了解才能有效化解

孩子情绪反应最强烈的时期，就是叛逆期。叛逆意味着他可能会在很多原本可以正常发展下去的情况之下，突然暴躁起来，突然就走上了岔路，并因此耍性子、发脾气。所以，我们要正确了解叛逆期，采取更有针对性的措施来有效化解孩子突如其来的情绪。

第三章　对孩子理解、认同与接纳

——缓解孩子情绪的三大关键

　　闹情绪本身来说并不是一个很舒服的体验，孩子对这种不舒服的感觉会更为强烈一些，因为他对情绪的处理并不那么熟练。显然我们此时就成了帮助他缓解情绪的关键所在，而我们首先要抓住的三个关键，就是对孩子情绪的理解、认同与接纳。

第四章　善于倾听孩子的心声

——耐心听孩子说，让他释放情绪

　　孩子并没有多少处理情绪的经验，不过如果能让他把自己感觉苦恼的、悲伤的、愤怒的、不解的事情讲述出来，却可以帮他释放情绪。很多时候，孩子都很期待有人可以倾听他的心声，那么我们就要做一个好的倾听者，以耐心去应对，帮助他平静下来。

第五章　给孩子足够的理性之爱

——不缺爱的孩子脾气好

四季如春的地方，温度适宜，让人感觉舒服。极寒、极热、多风、多雨的地方，因为不能获得均衡的气候滋养，就好像环境闹了脾气，降低了生活舒适度。同样的道理，我们给予孩子的爱就如这气候，足够理性的爱自然会平复孩子的坏脾气，让他安静下来。

第六章　规矩和管教

——说"不"，为孩子耍性子、发脾气划边界

很多孩子仗着妈妈的宠爱，会习惯性地表现出任性霸道的一面，随意耍性子、发脾气。孩子一路成长，需要爱，需要温暖，但更需要规矩和管教。规矩和管教为孩子划定了言谈举止的边界，时刻提醒他什么不可以做，什么可以做，可以做到什么样的程度，最大限度避免他的为所欲为。

孩子动不动就乱发脾气，妈妈怎么办?

第七章　及时进行心理疏导
——让暴脾气孩子变懂事的有效技巧

孩子耍性子、发脾气，有时候的确是因为其内心有心结，有时候则是因为他不懂得应该怎么去调节整理自己的情绪。作为成年人，我们不能被孩子的脾气、情绪牵着走，而应该成为一个冷静的智者，有技巧地及时疏导孩子的内心，让暴脾气的孩子也能变得懂事起来。

第八章　教孩子学会自我管理
——掌控自己的生活和情绪的关键

情绪是每个人的自有物，所以也需要每个人自己去主动进行处理，毕竟不会有人能长时间帮忙处理他人的情绪，哪怕是妈妈对孩子的帮助也是如此。孩子需要学会掌控自己的生活与情绪，需要学会进行自我管理，毕竟未来的路还需要他自己独自走下去。

第一章

孩子动不动就耍性子、发脾气，妈妈怎么办？

好像天使一般温顺可爱的孩子，某一天突然变身为刺猬，动不动就张开一身的小刺，随意地发着脾气，毫无顾忌地耍着性子，让人完全无法靠近，不知道应该怎么应对。这就让一直以为能将教育平稳进行下去的妈妈感到疑惑了，孩子为什么会变成这个样子呢？

真遗憾，妈妈都不了解我

——应读懂孩子在三个叛逆期的表现

请思考几个问题：做妈妈到现在，你真的了解自己的孩子吗？孩子动不动就要性子、发脾气，这都是他的表现，在这个表现背后隐藏着什么样的原因呢？如果说到一个词——叛逆期，你对它又有多少认识呢？什么是"叛逆"？叛逆期又发生在什么时候呢？

这里面确实有一些学问，现在我们就正式进入这个主题。

意大利幼儿教育家蒙台梭利曾指出："当孩子能够独立行动后，儿童和成人的冲突就开始了，即使一个大人再爱自己的孩子，他的内心仍然产生一种强有力的防御本能，孩子身上那些与成人环境不相协调的行为不可避免地被制止。这是一种爱的冲突。"

这种"爱的冲突"多发于孩子的叛逆期。一般来说，孩子从出生到18岁成年这一人生阶段里要经历三个叛逆期：

第一个叛逆期：2~4岁——幼儿叛逆期

到了两岁左右，孩子的自我意识开始变得越来越强烈，学会用"不"

来表达自己的意见，并不断尝试用拒绝来感受这种可以自我掌控的感觉。这时期的孩子会显得相当"不听话"，经常是"你说你的，我做我的"。

这一时期的孩子虽然具备了自我意识，但这并不足以帮助他更好地表达自我，所以很多时候他选择用哭闹来表达自己的意见，一旦他人不能理解，他就会变得很烦躁。在与他人交往过程中，无法正确表达意见与情感，也会让他做出很多令人意想不到的行为。

但是，这一时期的孩子对妈妈依然依赖，而且也许是因为经历了人生头两三年的"被顺从"，也就是他不用说话，直接靠自己的眼神、动作就可以让妈妈明白他想要什么的"习惯"，让他认为现如今妈妈依然能够很快理解他。但此时的他想法更多了，要求更高了，自我意识更强了，妈妈不能那么容易理解他了，这就让他时常陷入焦躁之中。当他的要求得不到满足的时候，各种"对着干"的行为——要性子、发脾气，也就都来了。

第二个叛逆期：6～9岁——儿童叛逆期

6岁的孩子大多已经正式开启学生生涯，在这一时期他会接触到大量的知识，经历不间断的学习过程，也正是因为这样的经历，会让他产生一种错觉——认为自己已经长大了。

同时，这一时期的孩子也拥有更加强烈的独立的思想意识，且这种思想意识会更为直接地表现在他的各种行为当中。他想要尝试的事情很多，也很想被认同，所以这时的他会显得很大胆，更喜欢自主决定。

但也正是从这时候开始，妈妈将关注的重点转移到了孩子的学习上，并不自觉地对他进行更为严格的约束。这样一来，追求自主、渴望尝试的孩子与希望有更多约束并立起更多规矩的妈妈之间的矛盾也会越来越激烈。

于是，孩子就有了各种"反抗"行为，因为他认为自己被妈妈"压迫"了。

第三个叛逆期：12～18 岁——青春叛逆期

在青春叛逆期，孩子的身体逐渐发育成熟，但与之对应的心智却未必能成长得那么快。他会拥有很多美好的向往，而且随着所学知识越来越多，自我成熟的感觉也会更加强烈，但此时也正是他遭遇挫折最多的时候，他的心理会变得更加矛盾：一方面想要证明自己，另一方面却因为屡遭挫折而不断怀疑自己。另外，身体的发育变化，也会给他的心理带来一些冲击。种种因素叠加在一起，会让这一时期的孩子非常易怒。

而相应地，这一时期也是妈妈感觉最难熬的一个时期，既想要更多地了解孩子，又并不满意他这种动不动就暴躁的态度。有的妈妈还会觉得"你已经长大了，怎么这么不懂事呢"，而有的妈妈又用错了教育方法，还像教育小孩子一样去教育这时的孩子，结果反倒让矛盾越发激化。与妈妈之间的关系变得紧张，也会让孩子变得更难过。

由此看来，在每一个叛逆期里，孩子都有独特的表现，都会有不同的心理变化。如果妈妈能够放宽心，始终有耐心，就能更快、更透彻地理解孩子。只有这样，才能帮孩子理顺内心的疙瘩，让他暴躁的情绪得到缓解，并在日后不再动不动发脾气、耍性子。

最后有一点也要特别提醒妈妈们，并不是所有的孩子都会经历叛逆期。如果父母跟孩子相处得好，叛逆期可能并不会"如期""如约"到来。所以，如果你的孩子没有出现所谓的"叛逆期"，千万不要焦虑，这非常正常。

当然，能够有机会看到本书的妈妈，你的孩子很可能还处于各种叛逆期，这大概也是你有缘与本书相见的原因吧！

唉，妈妈看不懂我的需要啊

——发脾气是希望妈妈理解、认同与接纳

如果说成年人的发脾气，多半是对自己情绪的一种宣泄，并希望借助发脾气来实现纠正、掌控他人的目的，那么孩子的发脾气可能就是另一种意义了。没有孩子会无缘无故发脾气，他每一次的哭闹都一定会有原因，只不过并不是所有妈妈都能意识到这些原因，所以在有的妈妈看来，孩子发脾气、耍性子，就只是在"无理取闹"而已。

其实说到底，就是妈妈没有明白孩子到底需要什么，而孩子得不到自己所需要的东西，就会感觉不被理解，自己的感受也没有得到认同与接纳，这让他感到很烦躁。于是，孩子很希望能表达出来，然而此时的烦躁心情让他没法正常表达自己的需求，便只能借助发脾气、耍性子的方式，一方面释放一下自己的情绪，另一方面也希望能唤醒妈妈的关注，并期待妈妈能够变得善解己意。

比如，孩子有了心事，可能暂时并不需要妈妈给予帮助，他只是需要自己待一会儿，自己思考一下，自己体会一下，如果此时妈妈非要干预进来，那么孩子就可能会因为妈妈的不能理解而感到难过。这种情况在大孩子身上比较常见，这是因为随着年龄增长，孩子对独立的需求会更强烈，他也会逐渐具备自己处理问题的能力，并希望能由自己去解开疙瘩，而且只要是自己能想通的事情，问题也会更加好解决一些。但很多妈妈却并没有跟着孩子一起"成长"，还习惯性地用对待幼儿的态度来对待孩子，"事事操心""事事都想要掌控"的心理，也会让妈妈不知不觉地就侵犯了孩子的自我感受。

而从妈妈的角度来思考的话，妈妈可能也会感到非常委屈。一位妈妈就是这样说的："我把他养大，这才几岁，就开始抱怨我管得多，就说我不理解他了，我管吃管喝管学习，还给我一句'不理解'，我这心里是凉得透透的。"

其实严格来讲，如果出现这样的问题，或者说如果妈妈与孩子有了类似这样的矛盾，作为成年人的妈妈应该有更深一层的思考。孩子慢慢长大，长大的不只是身体，最重要的长大是以他的思想为代表的，所以日常对他的关注，就应该随着他的成长而有所改变。如果说对待一两岁的孩子会事事关心，那么当孩子到了三四岁之后，就要开始关注他的心理变化了，孩子会开始有自己的小心思，会有自己的想法和认知，妈妈的引导应该逐渐增多，掌控心思要慢慢收敛，越早把孩子看成一个独立的人，会越清晰地意识到孩子的成长。

爱孩子是母亲的天性，只不过妈妈对爱的表达需要调整，需要跟着孩

子的成长而成长——认同孩子的成长，理解孩子想要获得理解的心情，站在他的角度去感受他对成长的渴望，放下想要掌控的心思，不过多地被他的情绪所牵引，也许你会感觉好受许多，至少不会从对错上去评论这原本应该更为深厚的亲子之情。

妈妈，请听我说

——听不懂孩子的心声，他就会有很多情绪

"听话"，你可能更多地对孩子提出这样的要求或者说命令，希望他能认真听你的话，希望他能懂得你的心思。但相应地，你有没有好好听过孩子说话呢？你希望孩子能听懂你的心声，能体谅你的辛苦，那么同样地，孩子也希望你能听懂他的心声。太过强势的妈妈若是总忽略掉孩子想要表达的真正内容，他就会因此而闹情绪。

一位妈妈就经历过这样一件事：

女儿已经上 4 年级了，但妈妈却总觉得她自己什么都做不好，所以什么都不让她做，也不允许她自己做主，还要求她必须每天跟自己汇报这一天做了什么，和谁一起玩。不仅如此，女儿的同桌也是妈妈拜托老师安排的。女儿在外面的一举一动，妈妈都要进行要求与约束，就算是在女儿同学面前，妈妈也毫不避讳，同学们私下里都笑话女儿是长不大的宝宝。

女儿并不开心，好朋友建议她和妈妈好好沟通。但女儿发现妈妈根本不愿意听她的话，依然一意孤行，凡事都想要把控她。女儿想要获得独立，想要拥有自由，但妈妈却认为她这是长大了，心变野了。

为此，女儿和妈妈经常发生争吵，女儿抱怨妈妈管得太多，妈妈则愤怒于女儿越来越不服管。后来有一次，妈妈无意之间在女儿的房间里发现一本打开的日记本，上面有一句用非常重的笔迹写下的话："妈妈，你永远不听我说话，永远都不知道怎么爱我，所以放过我吧！"

另一个孩子则在日记里讲述了自己的烦恼：

妈妈换工作，我们从外地来到这里。转学对我来说太痛苦了，我有口音，同学们总是学我说话，老师讲课的进度也和我原来的学校不一样，这里的同学们早就有了各自的朋友，我也找不到朋友。

我跟妈妈说了我的苦恼，她却只要求我好好学习，不要管别人。她自己整天工作工作工作，也不听我说话，只顾着给钱，连饭都不给做，除了关心我考多少分，别的什么都不顾，她根本就不爱我！

今天我跟妈妈吵架了，她却说我身在福中不知福，我不想要这个福，我想回原来的地方上学，我想让妈妈听我说话，这才是我的幸福。

孩子和妈妈之间哪有什么深仇大恨呢？但是当孩子得不到妈妈的理解时，孩子看待妈妈就会用这样"残忍"的目光。自己的心声不能被妈妈接纳，孩子会感到非常无助，所以才会闹情绪。

从心理学角度来讲，情绪就是人的一种态度体验，依据客观事物与自己的需要是否相符，人就会产生各种各样的情绪。显然对于孩子来说，如果妈妈能全身心地接纳自己、接纳自己的想法，他的内心就会变得轻松得多。

孩子都拥有丰富的内心世界，这个内心世界并不是全封闭的，孩子会有想要隐藏的东西，也会有想要表达的东西，那些想要表达的东西，就是需要妈妈去关注的。听一听孩子到底在想什么，了解他对事物的不同看法，会帮助你更好地理解孩子的成长。

希望妈妈真心爱我

——孩子感受不到妈妈的爱就会耍性子、发脾气

　　妈妈对孩子的爱，是一种源自天然本性的表现。一位老先生曾经说过，"父母的爱是使子女发育长大的最重要的力量或滋养，只有父母的爱才能够使子女获得身心正常的发育，这是无可替代的"，但很多妈妈却总不能很好地把爱传递给孩子。

　　因为有些妈妈的爱并不那么"纯粹"。有的妈妈的爱是敷衍的，比如孩子兴高采烈地跑来让妈妈看自己的作品，妈妈"嗯"一声就不再理会了，然后只顾着全身心做自己的事情；有的妈妈的爱是有条件的，"你好好学习，妈妈才高兴""你表现得好，妈妈才喜欢你"……孩子就如做任务一样地去成长，用自己的良好表现来换取妈妈的爱；还有的妈妈将爱与情绪挂钩，心情好的时候，爱孩子是没有底线的，心情不好了，甚至可能将爱之门完全关闭……

　　其实，孩子的需求并不多，他就是想要获得妈妈的爱，但我们却总能找到各种各样的理由来阻止他得到爱，时间久了，缺爱的孩子就会变得情绪化起来。

> 睡觉前，孩子对妈妈说："妈妈，你能抱抱我吗？"
>
> 希望孩子赶紧睡觉的妈妈说："你好好睡觉，我才愿意抱你。"
>
> 孩子不开心了，说："妈妈，就抱我一下。"
>
> 妈妈却说："好孩子都乖乖睡觉，你怎么就是不听呢？就你这样，我才不抱你呢！我只愿意抱好好睡觉的孩子。"
>
> 孩子哭了："就抱一下，妈妈抱抱！"
>
> 妈妈反而生气了："哭什么哭！你越这样，我越不抱你！"
>
> 孩子情绪更激动了，睡觉的气氛早就没有了。

就是这么简单的一件事情，只需要妈妈一个爱的抱抱，一切就都顺理成章了。然而，到底是怎么发展到这个结果的呢？其实就是因为妈妈那没有真实表达出来的爱，让孩子没有安全感，没有了被爱的感觉，他在发泄不满，同时也在向妈妈表达自己的诉求。

孩子对妈妈的希望特别简单，就是想要得到妈妈"真心的爱"。那么，什么样的爱才是孩子需要的"真心的爱"呢？

"真心的爱"，是无时无刻不表现出来的一种自然而然的情感流露。

对孩子的爱，应该是一种深入骨髓却又化于无形的情感传递，就是要努力营造温暖的爱的环境，让孩子无时无刻不体验到这种感受。你和孩子之间可以有很多属于你们的亲密接触，这些都能让孩子感受到你的情感；

保持良好的面部表情状态，微笑、温暖的眼神，孩子都喜欢看到放松状态下的妈妈，你的放松状态也会让他感受到一种温馨。

"真心的爱"，是接纳孩子全部的真切表达。

最能让孩子感受爱的虚假的情况，就是"有条件的爱"。孩子会感觉到这份爱是可交换的东西，也会意识到，妈妈想要的并不是当下的他，而是一个理想化的他，他会觉得不安全，会认为妈妈偏心。有的孩子可能会为了得到爱而努力，但也有的孩子会因此而赌气，尤其是叛逆期的孩子，反而会更加不愿意好好表现了。

所以，我们必须要用"真心的爱"，接纳孩子的全部，让他放松下来，让他有安全感，然后他的注意力才会转移到好好表现上。因为在爱的方面得到了满足，孩子也会更愿意去好好表现，根本不用妈妈再操心。

"真心的爱"，是有原则的、不受任何事情影响的全身心包容。

真正爱孩子的妈妈，并不会因为自己情绪不好就对孩子恶语相向，也不会因为自己情绪好就对孩子无原则包容。所以，如果你因为情绪问题而对孩子召之即来挥之即去，那就意味着你其实还是将更多的注意力放在了自己身上，你更多地爱了自己，却没有真的好好爱孩子。

"真心的爱"，会时刻注意到孩子的感受，就算在自己情绪好的时候，也知道不能允许孩子挑战原则底线，会主动给孩子立规矩，为孩子的行为思想划定边线；即便自己情绪不好，妈妈也要懂得保护孩子的感受，尊重他的需求，并迅速调节自己的情绪，解决掉一切影响情绪的问题，尽全力给孩子一个温暖舒适的环境。

又说我没规矩，您给我立啊

——没有给孩子立规矩、管教他

　　孩子在很多情况下会"得意忘形"。比如玩得太兴奋了，他会暂时忘掉其他，只顾着让自己开心，言谈举止就会在不知不觉中变得出格；比如取得了优秀成绩，一时间兴奋异常，放纵起来。每当遇到这种情况，成年人往往会更"理智"一些，一下子就能意识到，"这样不好，这种行为不对，需要纠正"，接着就会很直接地提醒或者说训斥孩子"怎么这么没规矩"。

　　从成年人的心理来看，这是一种"防止孩子乐极生悲"的提醒，我们希望孩子能收敛一些，不要因为高兴就变得毫无原则。但是，古人讲究"七不责"，明代学者吕坤在《呻吟语》中便讲，"卑幼有过，慎其所以责让之者。对众不责，愧悔不责，暮夜不责，正饮食不责，正欢庆不责，正悲忧不责，疾病不责"，其中提到的"正欢庆不责"，便是提醒教育者，在孩子正高兴的时候，不要去责备他。

这是因为，处于欢庆状态时，人的经脉是畅通的，此时的责备，会截断孩子的兴奋之情，孩子的经脉也就一下子被憋住了，这无疑会对身体造成损伤。同时，责备处于兴奋状态的孩子，无疑是给他的热情泼一盆凉水，也会让他的情绪产生巨大的波动。所以很多原本很开心的孩子，一被妈妈训斥"没规矩"，立刻就变脸了，可能会很激动地喊叫，年龄小的孩子还会立刻哭闹起来。

但在我们看来，孩子这种"刚才还嘻嘻哈哈，忽然就发脾气了"的表现，就是在要性子，我们也就直接将他的行为归类为"不听话""没规矩""不懂事"了。

其实仔细分析一下，造成这种情况的根源，还是要在妈妈自己身上找一找。我们都知道要给孩子立规矩，但是这个规矩难道是等到事情出来之后才立的吗? 事后"算账"，孩子当然不乐意了。

如果要立规矩，最好是提前立，让孩子能主动遵从规矩去行动，让他自己产生自我约束力，这样的规矩才是有效的。等事情出来之后才抱怨孩子"不守规矩"，这就是一种不恰当的责备。而且，这种责备下立的规矩，孩子也多半记不住，因为本来情绪都已经变得糟糕了，哪里还有闲工夫去记规矩，等到下次遇到同样的事情，他有很大概率会故态复萌。管教孩子应该是未雨绸缪，而不能总想着亡羊补牢，规矩的作用是培养孩子约束自我的好习惯，而不是在事情发生之后用来训斥孩子的工具。

如果不想让孩子变得"得意忘形"，那就提早提醒他"高兴不可疯癫，要注意言行分寸，要合理地表达开心"，这样孩子会从一开始就提醒自己注意。但是有时候孩子还是会记不住，那怎么办？其实偶尔一次也没有那么严重，不要那么扫孩子的兴致，在当时的情况下可以简单扼要地提醒一下，或者装作无意地将孩子的状态拉回来。一切说教都要放在孩子平静下来之后，等他可以安静地去理解我们的意图时，再去教育他、提醒他记住更多的规矩，这才是有效的教育。

心里有委屈，很难过

——漠视孩子的心理，忽视对其进行心理疏导

孩子对于情绪的处理是有一个学习过程的，最初他并不知道应该怎么做，只能哭，紧接着他会从成年人这里获得指导，慢慢学会接纳自己的情绪，并学会用各种方式来排解，然后随着成长，他就会意识到情绪都是因行为而来，他会找到情绪产生的根源，并通过调节行为来转换情绪，并最终实现自我疏导。

在这个过程中，妈妈扮演着很重要的表达关爱、传递指导的角色。一旦妈妈忽视了孩子的心理，做出了不当的应对，就会导致他的情绪变得更加激动，反而让妈妈感觉"怎么又发脾气、要性子了"。

来看妈妈漠视孩子心理的几种应对方式：

"你委屈，你难过，我还委屈、难过呢，谁管我啊？"

说出这样的话来，意味着妈妈将更多的注意力放在了自己身上。如果总是将这种辛苦放在嘴边，并用自己的辛苦、委屈来提醒孩子应该听话的话，就无疑给他增加了沉重的心理负担。孩子会因此感到恐慌，感到更加难过，他的实际心理会变成"怎么办？妈妈也委屈难过了，是不是我的问题"，当他开始否定自我、感到缺乏安全感的时候，他就会变得更加敏感、脆弱，事态的发展会更加糟糕。

"你一个小孩子，整天就应该想着学习，如果只想着学习，你哪儿来的委屈难过？"

这言下之意，就是孩子正因为胡思乱想，所以才会有那么多情绪。可是，孩子的生活并不只有学习，还有思想、技能、人际交往、社会经历，加上这些，孩子的人生才是完整的。

而且，学习是在平静的心态之下，在想要努力的主动性之下，在有想要奋进的心理之下，才可能发生发展，并有所收获的行为。显然如果孩子的心理问题得不到解决，那么他的思想将无暇顾及学习。

随着年龄的增长，也许你已经发现了，孩子会更加不愿意你总提到学习，他希望你关注他的全部生活。如果你只注意到学习忽略了其他问题，孩子会觉得你不通人情，也会因为你满嘴学习而感到更加暴躁，情绪当然会变得更加不稳。

"难过什么？这么点小事，一会儿就过去了。"

这代表了一个奇怪现象，即"孩子眼中无小事"，但"妈妈眼中无大事"。孩子的很多经历都是新鲜的，他想要分享，寻求帮助；但成年人却凭借经验更快速地判断事情，也就会不自觉地否定孩子的感受。结果，孩子从我们这里得不到共鸣，情绪也就变得更加激动起来。

妈妈所谓的"一会儿就过去了"，在孩子看来无疑也是一句谎言。因为妈妈没有教他怎么"过去"，他不能自我消化、自我处理，这种委屈难过的感觉会长久存在，他当然也就觉得妈妈是在骗他。情绪无处排解不说，还得不到理解，这只会让孩子越发难过。

"你的心思怎么这么重呢？有那个时间委屈，还不如多看会儿书！"

当孩子总是陷入某一件事出不来的时候，妈妈也会感到不耐烦。在妈妈看来，没有什么事情是过不去的，可孩子偏就总想着这一件事，并让这件事占据了他大部分时间，妈妈自然也会因此觉得孩子是在浪费时间、精力。

妈妈这样做就相当于把"难过"和"看书"这两件毫不相干的事情硬生生拉在了一起，还强迫孩子去做。理不清情绪的孩子没法那么快转换到学习模式，被逼迫得紧了，他会觉得妈妈是不是不爱自己，也会觉得自己失去了支撑和鼓励，情绪再度爆发也就在所难免了。

"我也没看人家别的孩子有多委屈，怎么就你这么多事！"

没有孩子喜欢被比较，妈妈的这种比较，其实相当于对孩子的一种否定，他也会想到"为什么别的孩子不委屈？""为什么别人不委屈我就不能委屈？"事实上，妈妈的任何一种否定他的表达，都会让他感到困惑，并陷入痛苦中。

　　类似的情况可能还有更多，妈妈总是能找到各种各样的理由，来回避孩子的情绪，忽视对他的内心进行心理疏导。孩子无法更好地理顺自己的内心，也就没法全身心去做更多的事情，他只剩下对情绪的发泄。所以这是需要妈妈好好关注的。

反正妈妈会帮我做这些事

——孩子不会管理自己的情绪和生活

生活中有这样两种妈妈，一种是"勤快妈妈"，一种是"懒妈妈"，"懒妈妈"其实并不多见，多见的是"勤快妈妈"。

这里所说的"勤快"，是说妈妈对孩子"呵护备至"，凡事不论大小都要"包办代替"，这样的结果是导致孩子形成了心理定式，认为"不管遇到什么样的事情，反正妈妈会帮我做，我也就不用操心了"。可随着孩子走进幼儿园，走进小学，随着他越来越多地接触到外人、社会，他将开始独自面对世界，这时他就会因为不会管理自己的情绪和生活，而变得寸步难行，不能好好处理事情，结果糟糕的同时，心情自然也就不那么美妙了。导致孩子这种状态的根源，正是妈妈那种"不正常的爱"。

不得不说很多人做妈妈的过程很微妙，有时忽视孩子忽视得彻底，不能"真心"爱孩子，不能理解孩子；有时把孩子当成提线木偶，期待自己牵一发而动孩子全身，自己完全掌控孩子的一切；有时会突然态度大变，期望孩子能在一瞬间就点亮所有技能。

做妈妈，不能做得这么任性啊！

就拿"勤快妈妈"来说，有的妈妈认为，当我为孩子付出得足够多时，孩子自然会感激，但事实却是"孩子因此形成了依赖的习惯，只需要妈妈付出，而并不懂得感恩"；有的妈妈认为，"孩子不是会模仿吗？看我做了这么多遍，看也看会了"，然而孩子并不会这样，他只会意识到"原来这些都只要妈妈去做就好了，我不需要学，反正也不让我做"；当然也有的妈妈觉得，"我自己勤快了，孩子肯定也差不到哪儿去"，但事实恰恰相反，"勤快妈妈"往往养不出勤快的孩子，日后一旦你不"勤快"了，他反而可能还会抱怨你"怎么不管我了呢"。

当一个妈妈将孩子的言谈举止严密掌控在自己眼皮之下，并任意插手他的所有事情的时候，孩子会放弃对自我的监管权和"使用权"，他会带着一种依赖的心理走向社会，当外人不能如他所习惯的那样去照顾他、顺从他并给予他足够的帮助时，他就会觉得心理失衡。这也是很多孩子经常遭遇挫折，并导致情绪失控的重要原因。

有的妈妈是非常主动的，在孩子还没有求助的时候，就已经直接上手帮助了。还有一种妈妈则是这样的：每当孩子哭了，说"我不会做"的时候，她嘴里是嫌弃的，会说："怎么这个都不会做？我给你做过多少遍了，我说过多少次了，这次好好看着！"但手上却不停，依然全部帮孩子处理完了。其实这样的妈妈才是最累的，她的内心是有想要教孩子学会的理想的，可是每次都是一边训斥孩子"怎么总也记不住"，一边却又直接伸手做完了全部。孩子受了训斥，内心不舒服，但一看到妈妈都帮助做了，他内心也就松懈了，且会形成一种错误认知——"反正也就是训一顿，最后不还是帮我做了"，他也就更加"记不住"了。

　　不管哪一种"勤快"的方式，都不是孩子所需要的。如果你不能认同孩子的独立，不能给予他独立的资本，那么他会一直依赖你，并时常因为自己不会处理而陷入慌乱与麻烦中，这会让他的情绪变得更加不好，而你也将变得更加劳累。所以，孩子总要学会自己管理自己，才可能将自己的事情安排得井井有条，如此一来情绪自然也就好了。

第二章

了解孩子的三个叛逆期

——正确了解才能有效化解

孩子情绪反应最强烈的时期，就是叛逆期。叛逆意味着他可能会在很多原本可以正常发展下去的情况之下，突然暴躁起来，突然就走上了岔路，并因此要性子、发脾气。所以，我们要正确了解叛逆期，采取更有针对性的措施来有效化解孩子突如其来的情绪。

孩子的叛逆期来啦！

——每个孩子可能都会经历的三个叛逆期

每个孩子可能都会经历叛逆期，而且还不止一个，从出生到成年这段时间里，孩子可能会经历三个叛逆期：

第一个叛逆期：2~4岁——幼儿叛逆期

第二个叛逆期：6~9岁——儿童叛逆期

第三个叛逆期：12~18岁——青春叛逆期

这一点，在前面也提到过。确实，叛逆期的存在让很多妈妈感觉陪孩子长大真是一件异常辛苦的事。不仅是叛逆期间过得辛苦，如果无法很好地应对叛逆期，还可能会留下隐患，给孩子以及我们自己未来的生活带来沉重的负担及较大的负面影响。

就拿第一个叛逆期来说，有的孩子在两岁左右就开始了，从原来的

"妈妈说什么就是什么"的乖萌状态，一下子变成"小恶魔"状态，让妈妈猝不及防，同时也有些不知道应该怎么应对。

一位妈妈在网上求助：

女儿3岁两个月的时候进了幼儿园。在上幼儿园之前，她还挺听话的，很多事和她一说她就明白，也表现得很能理解大人说的话。可是自从上了幼儿园，我发现她变得特别叛逆，也特别任性，一不满意就哭，动不动就撇嘴生气，有时候还做出打人、拍打东西的动作，甚至干脆把东西扔出去，看上去好像在泄愤。

这一段时间里，她整天就爱说"不""就不"，好像就等着反驳，话也不好好说了。我也批评过她，也好好跟她聊过，但是有时候说着说着她也能着急起来，"不听不听就不听"，真是让我头疼。

我以为她是因为上幼儿园才变的，但是她挺喜欢去幼儿园的，那这性情突然变成这个样子，到底是什么原因呢？我又该如何引导才好呢？

这位妈妈所说的情景，就是孩子进入幼儿叛逆期时的变化，看上去好像孩子在故意捣乱，而且因为是刚上幼儿园的特殊时期，也很容易让妈妈联想到是对幼儿园生活不适应的原因，如果不了解孩子当时的心理，不了解幼儿叛逆期的特点，就可能会从错误的方向努力，得来并不想看到的结果。

孩子在幼儿叛逆期的表现有其独特的年龄特点，同样地，6~9岁的儿童叛逆期、12～18岁的青春叛逆期也是如此。在不同的叛逆期里，孩子的内心变化也各不相同，而且不同的孩子在叛逆期的表现可能也会带有个人的特点，这些都需要我们好好地去了解。

事实上，不同时期的孩子有着属于自己的烦恼，叛逆期的孩子表现得不听话，表现得很逆反，经常发脾气、闹情绪，他们对于自己的这种状态也会有一定的困扰。所以当孩子叛逆期来临，不管是哪一个叛逆期，我们都应该耐心应对。有一些总体的原则是需要我们特别注意的：

对叛逆期的存在要有超前意识。

也就是说，如果没有什么特殊情况或意外发生，孩子都会进入叛逆期，且在不同年龄段进入不同的叛逆期。我们要对这种情况有一个预判，并通过仔细观察来了解孩子在叛逆期的表现与心理，以做好充分的应对。

针对不同年龄的孩子开展不同的教育。

孩子是成长中的个体，每天都会有不同的变化，我们的教育方式不能一成不变，要随着他的成长发生变化，不要有与他年龄不相符的教育内容出现。比如，对于较小的孩子，可以转移他的注意力，用选择的方式来引导；对于较大的孩子，可以心平气和地讲道理，利用正面引导，多用肯定的方式去引导。

避免错误的管教方式。

不管在哪个叛逆期，孩子都不是坏孩子，所以高压政策、讽刺挖苦、训斥责骂等教育都是不恰当的。相比其他时期，身处叛逆期的孩子会表现得更敏感，而且年龄越大，这种敏感性越强烈。比如，处在青春期的孩子，你简单的一句话，就可能刺激到他的神经，让他觉得你是在讽刺他，他立刻就能与你爆发战争。显然教育这一时期的孩子，我们就要更注意自己教育时的态度。

注意解决我们自己身上的问题。

尽管说孩子进入叛逆期后会表现得很逆反，但不得不说，我们的一些表现，比如自己言行不一，比如家庭时常争吵不断，也会促使孩子的叛逆期延长，或者更加不好管教，在这样的环境下成长的孩子也更容易逆反。所以，我们也要好好成长起来，在孩子面前树立权威，为孩子创造良好的成长氛围。

不，不行，我偏不，就是不行

——认识幼儿叛逆期孩子的心理

幼儿叛逆期的孩子有一个非常鲜明的特点，喜欢说"不"。这是因为这一时期的孩子的心理是都以自我为中心，非常喜欢做一些夸张的行为，借此来引发他人的注意。与之前相比，这时的孩子可以更灵活地运用手脚，也学到了更多的技能，会有一种"突然长大了"的感觉，更喜欢尝试，越发希望亲力亲为，不喜欢被指挥、被使唤，不愿接受过多的帮助，一切全听凭自己的内心。但与此同时，他还并没有完全独立的能力，对妈妈依旧黏缠，更害怕亲密的人离开。

所以，这一时期的孩子经常会表现出两个极端来，要不就是各种各样的"不要"，你让他往东，他偏要走西，对你的要求开始反向执行；要不就是不管怎么推都推不走的"要"，他的情感表现得更加强烈，而且变化无常，会对妈妈有格外的渴求。

具体来说，处于幼儿叛逆期的孩子的心理多会出现这样一些特点：

期待被快速理解。

幼儿期的孩子，绝大多数已经可以清楚地表达自己的想法了，但是他掌握的字词量还太少，并不能完整、真实地表达自己的内心世界，他有时会"夸张"，有时还可能说"假话"，无法把一件事说得那么准确，这就导致他内心的真实想法无法被很好地表达出来。

可孩子却并不认为自己的表达是不完整的，他认定妈妈可以理解。而成年人有时候恰恰就不能明白他到底想要表达什么，反复询问多次之后，孩子就不耐烦了，或者不再开口，或者开始哭闹。如果此时我们再没有耐心，不认真观察或者干脆理解错误，势必会让孩子感觉非常不满意，自然就会闹情绪了。

有很重的游戏心理。

幼儿期正是孩子认识世界的关键时期，他会对各种事物感到好奇，同时还有一种游戏的心理，尽管被拒绝，但他却觉得很好玩，所以越是被禁止的事情，他越想要尝试。

比如，我们会反复提醒孩子"电插座非常危险，千万不能动"，但是孩子却对这种提醒表现得很兴奋。不提醒他还好，接收到这样的提醒之后，他反而对这件事上了心，要么趁着成年人不注意用手插一插，要么就拿长条的东西动一动，尤其看到成年人使用插座时，他也想要自己拿着插头去插一插。此时他对"危险"是没有概念的，他会觉得这是一个好玩的游戏。

如果此时我们直接制止他，他可能还会大笑起来，这种奇怪的心理会让我们感到非常头疼。

类似这样的事情还有很多，妈妈们可能都恨不得一直跟在孩子身后，就为了防止他做出这些伤害自己的事情。反复强调似乎不管用，大声训斥也起不到好的效果，而且很多孩子也的确受到了伤害，因此这种情况显然需要格外注意。

既然前面说到了插座，那就再多说几句吧！避免孩子动插座有两种简单有效的处理方式：一种是处理插座，把能插孔的地方都堵上，防触电的插孔塞现在很容易买到，不妨多买一些，都堵上，防患于未然；另一种是提高孩子防范危险的意识，如可以给孩子看这方面的动画片等。显然第一种处理方式更安全，当然最好将这两种方式结合起来。

思维单向而直接。

处于这人生第一反抗期，孩子的思维还很简单，单向而直接，他经常是想到什么就是什么，思维基本不会转弯，有时候不管怎么劝也不管用，他依然只按照自己的想法去做。

比如，带着孩子出门，已经锁好了家门，走下了楼梯，走出楼门口好远，但他忽然想起来自己没有带某个玩具，或者你忽然提到了一句"没有带上小水壶"，这就相当于打开了他执拗的开关，他多半会要求回家去拿，如果你拒绝，不管你用什么理由，他都一定会很坚决地要求你回去，甚至不惜以哭闹反抗。

既需要妈妈又不需要妈妈

尽管那么强烈地反抗妈妈，但妈妈若是不理会了，这一时期的孩子还是非常不适应的；可妈妈一旦稍微表现得积极一些，他就又不愿意了。这时候非常考验我们的耐性，同时也考验我们的观察力和理解力。

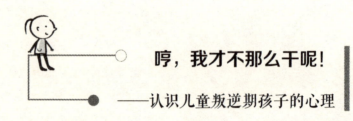

哼，我才不那么干呢！

——认识儿童叛逆期孩子的心理

　　跨过幼儿叛逆期，孩子就要进入小学了，开始真正正规的学习，有了老师的协助教育，有了更多表现优秀的小伙伴的榜样作用，孩子应该会表现得比之前更好一些了吧？

　　然而，在6～9岁这个阶段，孩子又开始发生变化了。进入小学之后，因为所学所知越来越多，孩子的视野被打开了，思想意识也慢慢变得更加独立，进而行动也变得更为独立起来。

　　这种独立自主的精神如果能正向发展还好，但孩子却可能在这一段时间养成很多不好的习惯，懒惰、拖拉、没有耐心、厌恶学习，而且还不愿意被说教，一旦妈妈想要指挥他，他会相当不情愿地来一句："哼，我才不那么干呢！"

　　显然要解决儿童叛逆期的孩子的问题，也同样要了解孩子的心理，这时期的孩子心里到底是怎么想的呢？

渴望自发性的成长。

6～9岁的孩子依旧处在一种确立自我的关键时期，所以需要足够的自由。这时期的孩子依然是在玩耍中展开自发性的成长，并通过与周围人的接触及各种社交活动，来促进自发性的不断发展，由此他会变得更自信，也将学会处理更多事情，在与人交往等方面也将变得更加游刃有余。

这是孩子源于内心的一种渴望，如果此时我们非要用"好好学习""不要打架""要和同学好好相处"等各种叮嘱、要求甚至是命令来约束他的话，他这种自发性就会被压抑，同时心情也将因此变得压抑。

来自妈妈的强制性教育约束了他的自由，他反而感受不到来自妈妈的爱，最终也将导致他的人格发展受阻。如此长久下去，亲子关系会变得紧张起来。

不喜欢强迫性的学习。

孩子上了小学之后，我们似乎比他更关注他的学习，"好好学习才是好孩子""取得好成绩才是好孩子""不要和成绩不好的差生玩"之类的嘱托几乎每日必提。当反复被强迫着去关注、接纳、展开学习时，孩子内心的逆反就会开始萌生了。有的妈妈还会阻止孩子做其他事情，强迫他必须看书写作业，反而导致孩子对学习彻底没了兴趣，越发烦躁，越发想要逃离。

为了逃避，孩子几乎无所不用其极，撒谎说没有作业、在考试成绩上造假、与同学串通好互相隐瞒逃课，等等。这些其实并非孩子真心想要做的，所有的结果都有其最初的原因，孩子若是因为被强迫而对学习心生厌恶，那么需要反思的应该是我们。

想要尽情发展兴趣和潜能。

几乎所有的孩子都会有自己的兴趣，都希望可以做自己喜欢的事情，越是有兴趣的引导和帮助，他越能认真去对待。同时，每个孩子也都有不同的潜能，这些潜能期待着被我们发现，得到我们的支持。如果妈妈把自己的兴趣强加给孩子，或者盲目随大流，让孩子去参加"时髦"的兴趣班，他就会产生相当强烈的反抗心。所以，孩子内心的这种期待，是需要获得成年人的回应的，一旦得不到回应，孩子的难过与烦躁也就通过发脾气表现了出来。

儿童叛逆期也是孩子成长过程中一个特殊的时期，我们要在了解孩子心理的基础上及时更新自己的教育观念，与孩子做好心理沟通，以免他的问题变成顽疾。否则待到青春期，问题一层层累加，最终将无法再作转变。

不想跟妈妈说，有什么好说的？

——认识青春叛逆期孩子的心理

如果说幼儿叛逆期的孩子是无知任性的，那么儿童叛逆期的孩子就是倔强坚持的，而到了青春叛逆期，孩子就是敏感易激的了。与前两个叛逆期相比较，进入青春期的孩子，可能是让妈妈感到最头疼的了。

青春期的孩子几乎是无时无刻不在挑战我们的底线：他们变得"臭美"——女孩子对化妆、发型、服饰有更多的关注，男孩子对怎样保持自己帅气的外表开始有自己的心得；他们更爱玩也更会玩，各种游戏尤其是网络游戏几乎是上手即会，大胆、敢于尝试，很多危险的游戏他们都跃跃欲试；他们出现了懵懂的感情，开始更多地关注成年人的世界；他们可能把更多的心思放在了五彩缤纷的社会之上，与我们所预想的"越长大学习越紧张"的状态南辕北辙……

应对孩子前两个叛逆期时，妈妈可能还能享受一下居高临下的感觉，但当孩子进入了青春期，他们从外表上看已经变得高大起来了，此时就更加考验我们心理教育的功底了。所以，此时我们应该对孩子的青春期心理有一个更为详尽的了解。

这时期的孩子，心里到底是怎么想的呢？

拥有更强烈的自我意识。

青春期的孩子已经开始初步形成自己的世界观、价值观、人生观。同时，因为对新生事物的接纳程度更快，他们也会从更为新鲜的角度来看待很多事情，所以，孩子眼中的世界与我们眼中的世界就开始出现区别了，如果我们没有改变的话，这个区别也会越来越大。

正是因为有区别，所以有的妈妈就会想要干涉，会试图将孩子跑远的思想拉回来，想要去纠正那些与自己所想、所认知不同的行为。妈妈的这种表现，势必会让自我意识强烈的孩子心生抗拒。妈妈若是再强硬一些，孩子若是再坚决捍卫自我一些，亲子之间的冲突几乎一触即发。

极其反感被过度干涉。

有的妈妈对孩子的青春期的态度，就是如临大敌，恨不能把孩子放在眼皮底下，而且还疑神疑鬼，于是小到穿衣梳头看书听歌，大到学习交友出门行事，妈妈也就变成了"无所不打听""无所不伸手"。

这显然正好戳中了孩子的"炸点"。每个孩子都有自己独特的个性与喜好，他可能自己可以很好地调节时间，调节行为，把一切都能做好，但是妈妈一干涉就让他感觉自己被小瞧了。尤其有些妈妈喜欢窥探孩子的隐私，这更会让孩子无比反感。

而且，本来这一时期的孩子就在追求成熟，如果一个孩子不管做什么事总要和妈妈"捆绑"在一起，周围的其他人就会看不起他，甚至可能孤立他，这更会让孩子感觉不舒服。

更喜欢特立独行与标新立异。

青春期的孩子拥有更为活跃的大脑，对新生事物的接纳速度也异于常人。同时，他希望自己能成为最引人注目的那一个，所以他就会在各方面特立独行。

然而，妈妈因为琐事缠身，可能并不能很好地理解孩子的"新潮"，也不会很容易地接纳孩子的与众不同，矛盾也就因此而出现了。

在这方面，孩子往往会和妈妈有很激烈的矛盾：妈妈希望孩子能朴实无华，可孩子却偏想要让自己与众不同；孩子会觉得妈妈老古板，而妈妈则觉得孩子不够踏实。如果不能很好地协调，这些矛盾就会在妈妈与孩子之间划下深深的沟壑，孩子越走越远，妈妈却总也迈不过去。

思想经常在成年与未成年之间动荡。

青春期的孩子心理是动荡的，他可能依然幼稚，因为还没有进入社会，不了解复杂的世界；也可能会趋于成熟，良好的教育加上发散思维以及更快速地接纳新生事物的能力，会让他的思想发展有更大的飞跃。因为动荡，所以他会遇到很多想不通的地方，此时只有理性做好亲子沟通，充分尊重孩子，才可能有效解决这些问题。

还是妈妈有办法

——化解孩子在三个叛逆期的要性子、发脾气

没有什么问题是不能解决的，如果你觉得难以应对，那多半是因为你没有找到合适的方法。面对叛逆期的孩子，有的妈妈会说，"我是真的没办法啊！看见他发脾气、要性子，好说歹说不管用，就剩吼叫和打屁股两招可以用了"。

然而，并不是所有有叛逆期的孩子的家庭，都被搞得这么鸡飞狗跳的，很多有智慧的妈妈，既能让孩子发泄了自己叛逆期所带来的情绪变化，又合理地解决了因此而来的问题，孩子变得轻松了，妈妈自己也没有那么多烦恼。

来看下面这三位妈妈的表现：

第一位妈妈，孩子3岁：

女儿拒绝洗手，妈妈说："洗了手才能吃好吃的。"

女儿拒绝："不要，不要洗，要吃。"

妈妈举起自己的两只手，嘴里说道："哎呀，大手妈妈好伤心啊，小手宝宝不肯洗手怎么办？大手妈妈好着急呀。"说完，妈妈的两只手互相摆了摆，嘴里还发出哭泣的声音。

女儿的注意力被吸引了，也伸出两只小手说："小手宝宝来找大手妈妈啦！"

妈妈趁势摆摆手说："小手宝宝身上好脏啊，大手妈妈不敢摸啦，怎么办呀？"

女儿"噌"的一下跳起来说："小手宝宝要去洗手！"

女儿用最快的速度冲去洗手间，把手洗干净之后，妈妈抓住了她的手说："小手宝宝好香啊！大手妈妈最喜欢白白净净的小手宝宝啦！大手妈妈带着小手宝宝去吃好吃的啦！"女儿咯咯咯地笑了起来。

第二位妈妈，孩子8岁：

孩子有龋齿，妈妈限定他一周只能吃两次糖。有一天孩子又馋了，想要多吃几颗。妈妈提醒他："不能吃，牙会疼。"孩子撇嘴："真小气！"边说边发起了脾气。

妈妈看他一眼，很平静地说："那好吧，你吃吧。"

孩子一愣："不是说牙会疼吗？"

"是啊。"妈妈点头，"但是我很爱你，所以如果你牙再坏了，我一定会带你去看牙医补牙的。”

孩子犹豫了：“那……我真吃了啊？”

妈妈点头：“吃吧，如果你牙疼了，就告诉我，我们去看牙医。”

孩子自己安静了许久，默默蹭到妈妈面前，噘着嘴问：“妈妈，你猜我吃没吃？”

妈妈说：“吃了吧，没事……”

“没吃！没吃！”孩子着急地说：“我没吃，我不想牙疼，不想去看牙医，我遵守约定。”

妈妈笑了笑，摸了摸他的头说：“没吃啊！那很棒啊！能自己忍住，还真不错啊！看来，你长大了！妈妈很高兴！”

孩子不好意思地也笑了。

第三位妈妈，孩子 14 岁：

刚转学没多久，女儿就偷偷给自己剪了一个当下很时髦的发型，妈妈一时有些接受不了，忍不住皱着眉头问：“你的头发怎么了？自己去剪了？”

女儿一看她的表情也跟着皱了眉：“什么怎么了？挺好的！”说完女儿回了自己的房间，重重关上了门。

妈妈叹了口气，并没有立刻去找女儿，等到了第二天，她敲开女儿的房门，和她一起坐在床上，才说：“我觉得你想要换个发型的想法挺好的，不过能告诉我为什么要换吗？"

女儿这时也平静了，说："因为大家都这样子。"

"哦。"妈妈点头，"也对，和伙伴们保持一致，倒是很亲密啊！"

沉默了一会儿，女儿却忽然说："妈妈，我不知道应该怎么做，我刚转学过来，没她们那么熟悉彼此。"

妈妈想了想说："你不是爱看书吗？问问她们的喜好呗，有的聊就好一点吧！"

女儿眼睛一亮："也对啊！之前我们还说起都喜欢看的一部电影来着。"

妈妈点点头，女儿忍不住叹了口气："其实……我也不喜欢这个发型，可她们都是这样的，我不想不合群。妈妈，我昨天就怕您说我不好看。"

妈妈笑了，摸了摸她的头发："好吧，我忍着不说。不过如果你想换一换的话，我们都认识的那个理发师哥哥应该能做到。"

女儿松了口气，拉着妈妈的手赶紧出了门。

看完这三位妈妈的做法，你是不是受到一点启发呢？

叛逆期的存在并不是坏事，正是因为经历了叛逆期，孩子的内在才会出现一些动荡，就好像零件的重组，我们合理的教育就好比加入的润滑剂、黏合剂，让孩子重新定义自我，引导他将思想、自我等这些零件放在更为合适的位置，等到这个动荡期过去后，就能看到一个有了很大进步的全新的孩子。

第三章
对孩子理解、认同与接纳
——缓解孩子情绪的三大关键

闹情绪本身来说并不是一个很舒服的体验，孩子对这种不舒服的感觉会更为强烈一些，因为他对情绪的处理并不那么熟练。显然我们此时就成了帮助他缓解情绪的关键所在，而我们首先要抓住的三个关键，就是对孩子情绪的理解、认同与接纳。

我现在很难受，就是这样的

——理解孩子的各种情绪状态

不好的情绪会让人感觉非常不舒服，如果孩子很认真地告诉你，"妈妈，我现在很难受"，那多半不是在说谎逃避，也不是在故意找事，他是真的感觉不舒服了。

闹情绪的孩子，表情不会很好，行为也会异常，话语内容也会变得硬邦邦的，或者干脆就闭口不言，情绪使孩子的整体行为发生变化。这原本应该很容易被发现，可是在大多数情况下，妈妈经常不去深入地思考孩子到底怎么了。

对于有些妈妈来说，孩子闹情绪就等同于"没事找事"，她不会过多去关注孩子内在的想法，只是单纯地去评价孩子外在的表现，并根据这些表现来表达自己的不满；而在另外一些妈妈看来，孩子闹情绪了就代表他犯了错，所以妈妈当下做的第一件事可能就是去指责、否定，并期待孩子改正。

不能获得理解的孩子，一开始会对自己的情绪不知所措，久而久之，他就会将情绪隐藏起来，不再展示给妈妈看。但孩子会一直这样隐藏情绪吗？当然不会。一旦有人可以理解他的情绪，愿意接纳他的情绪，那么他将如饥渴的人遇到甘霖一般，毫无保留地将情绪释放出来。

　　这其实是一种很危险的状态，这也正是为什么很多青春期的孩子很容易受到一些陌生人的蛊惑的原因。有些坏人正是抓住了孩子这样的心理，对他们表现出包容、理解、支持、肯定，在妈妈那里得不到的温暖，在他人那里反而得到了。青春期原本就叛逆，原本就想要做点什么来吸引妈妈的注意力或者彻底脱离妈妈的掌控，结果孩子就这样掉入了坏人的魔掌，或者由此走上邪路。

　　所以从这个层面上来讲，我们应该更理智地理解孩子的各种情绪状态，要让他坚信，妈妈是他可以信赖、依靠的人，让他能在被情绪困扰的时候，首先想到来妈妈这里寻求温暖与帮助。

平常心看待孩子闹情绪这件事。

　　一个身心健康的孩子，会有各种各样的情绪，这是再正常不过的事情。也可以说，孩子若是某天不再显露情绪了，一脸漠然，什么都不和我们说，那才更让人担心。

　　如果你就是个情绪化的人，那么你的孩子在耳濡目染之下，多半也会和你一样情绪化。所以不能将闹情绪只看成孩子单方面的"不良表现"，情绪的爆发是由各种因素综合导致的。

站在孩子的角度去理解孩子的情绪。

所谓"理解"，就是要用孩子的视角去看待他所经历的事情。孩子感到难过了，有的妈妈总是习惯性说"没事没事"，这就是最典型的不理解孩子的表现。难过是他真切的感受，你应该找出他难过的原因，思考一下，如果你是孩子，处在相同的位置会有怎样的感觉，用孩子的思维去思考他面临的问题，而不是代入成年人的感觉，只想着一下子把孩子不好的情绪赶走。

不要错误地理解"理解"的意思。

有的妈妈认为，"理解孩子的情绪，就意味着肯定他，间接也就等于放纵他"，其实不然。真正的理解，意味着你能明了孩子进入了一种怎样的状态。比如，他和人吵架了，他愤怒了，你理解的是他因为吵架而被激怒的情绪，"如果我和人吵架，我也会感觉很不舒服"，但至于他为什么吵架、为什么愤怒，你还是要去好好了解原因。

这是因为孩子对于情绪的把控能力是有待提升的，妈妈的理解可以让孩子放松下来，让他知道自己有情绪是一件正常的事，至于说怎么处理，这是在妈妈可以接纳孩子情绪之后才能接着开展的事情。

孩子，换作我，我也跟你一样

——对孩子耍性子、发脾气要合理化认同

人人都会因为各种事情出现各种各样的情绪，孩子也不例外。相较于成年人对自己情绪的控制，孩子在情绪方面往往是没有遮拦的，也正因为不能很好地控制，他的情绪爆发往往都会很强烈。

但是，成年人闹情绪的时候，周围人要么知趣地躲开，要么好言相劝，可是孩子若是闹了情绪，却多半会换来成年人的训斥，"你闹得什么劲？"或者是"你这是什么态度？一点礼貌都没有"……

为什么成年人的情绪可以得到理解，而孩子的情绪却被无视加训斥？这是因为，我们以对等的态度来看待成年人，但却居高临下地面对孩子；成年人的情绪被我们看成是真的遇到了事情而带来的内心变化，可孩子的情绪却被我们当成无理取闹，并对其进行教育。

但是，这时候越对孩子开展教育，我们却越容易受到阻力。因为我们关注的是他的情绪，而孩子关注的是自己的问题得不到理解与认同。我们和孩子关注的内容不同，也就导致了教育的不对题及孩子的不接纳。

来看看下面这位妈妈是怎么做的：

妈妈做好饭，把饭菜摆上桌，接着又把 4 岁半的女儿安顿在桌子旁，自己回身去了厨房。等到妈妈再从厨房出来坐到桌子旁的时候，却忽然发现女儿已经泪流满面，小声地呜呜哭着。

妈妈一头雾水，连忙问："这是怎么了？饭菜不好吃？不想吃饭？"

女儿摇摇头，咧着嘴说："我想姥爷了。"

原来姥爷临时有事需要离开两天，这让女儿的生活环境发生了变化，她觉得很不适应。于是妈妈点点头说："是想姥爷了啊，我也一样哦，姥爷走了没在家，的确挺不舒服的。"女儿点点头，但已经哭得不那么厉害了。

妈妈继续说："我们一起等姥爷回来好不好？过几天姥爷就回家了，你要好好吃饭、好好上幼儿园，妈妈也要好好工作，然后等姥爷回来就告诉他我们都很好，好不好？"

女儿擦干净眼泪说："我要好好吃饭，姥爷回来就会夸我了。"

妈妈笑了，问她："要不，我们给姥爷打个电话怎么样？"

已经不哭了的女儿却摇了摇头，妈妈疑惑："你不是想姥爷了吗？打个电话问问他啊！"

"不要！"女儿很坚决，"我已经不哭了，不需要打了。"

妈妈被她一本正经的样子逗笑了："那……吃饭？"

女儿的情绪已经彻底平复了，自己端起了碗。

从这个小例子可以看出来，闹情绪的孩子渴望获得认同，他需要从我们这里得到肯定，"我有情绪并不是一件错误的事情"，而我们则要传递给他一个信息，那就是"人人都有情绪，在面对同样的事情时，也许他人也会与他有一样的情绪"。

当孩子感觉到被认同的时候，他会更愿意说出自己全部的感受。妈妈的认同会让他放松下来，他会觉得妈妈愿意和自己站在一起，面对"自己人"，他也更能放松地表达自己所有的情绪。

对于孩子的情绪，妈妈也应该抱有一种不去过分追究的态度，不管是什么事情，孩子此时的情绪是真实的，所以，暂时丢弃批评、指责，不要去过多思考"你怎么这样啊""你为什么会这么想"之类的问题，尤其是当孩子犯了错还发脾气的时候，在他情绪激动的前提下，任何否定的表达都会让他觉得被推到了妈妈的对立面上。所以，我们只有平静地接纳他的情绪，他才会慢慢平静下来，接下来的交流才是有效的。

当然，认同孩子的情绪并不意味着毫无原则，合理地认同是有必要的。比如，孩子愤怒之下开始诅咒骂人，就可以提醒孩子，"我理解你愤怒的情绪，但并不喜欢你诅咒骂人的行为"，也就是不要让孩子感觉"只要是我闹情绪，就是可以被理解的，那么我做什么都无所谓"。妈妈在认同的同时，还肩负着引导孩子正确释放情绪的任务，要帮助孩子正确理解情绪，并跟他建立起有效的交流。

谁的童年不犯错误呢？

——要接纳不完美的孩子

孩子本身就是一个不完美的存在，他做不到时时刻刻心平气和，他没办法平衡更多的事情，有很多问题解决不了，还可能会有一些不好的言行表现。所以，我们要明白，孩子就是一个普通的人，和我们一样，他是一个独立而又正常的个体。

如果我们能够平静地看待包括自己在内的所有人都会"有情绪"这件事，那么孩子也不应该成为例外。每个孩子都是在不完美中不断成长的，童年原本就是一个"不断犯错，不断认错，不断改错"的过程。只有认真经历了这个过程，并在家人的耐心陪伴和指导下克服这个过程中的种种问题，孩子才能健康成长。

很多妈妈之所以对孩子的情绪表现得不耐烦，其实正是内心有一个过分完美的希望，并以为孩子刚出生时就是一张白纸（但实际上，孩子出生后并不是白纸一张，而是携带了大量的天赋信息，需要外界的刺激来唤醒

内在的天赋系统，也就是开启他本有的智慧。在某种意义上而言，教育不是知识的灌输，而是一种唤醒，是对孩子天赋智慧系统的开发），所以很想在这张白纸上绘制最美丽的画卷。妈妈以为自己从胎教开始努力，并不断地在教育上下功夫，就能培养出一个完美的孩子来，但却忽略了孩子是一个独立个体，一旦孩子开始具备独立的思想，就势必会出现与你所想的完全不同的表现。

当孩子开始耍性子、发脾气的时候，不仅意味着他需要获得"支援"，更重要的是，这种表现证明了他是一个可以自由表达自己内心的人，我们其实还应该因此感到开心，至少孩子不会对我们有所隐瞒。

这个世界上完美的人是凤毛麟角，倒不如把心思从追求完美上转换到帮助孩子解决眼前问题上来。谁的童年不会犯错呢？孩子因为各种问题而闹情绪，这是再正常不过的一件事情。所以，接纳孩子的不完美，才能包容他因为不完美而出现的各种情绪。

有一位妈妈是这样做的：

7岁的孩子跟着妈妈学炒菜。从切菜开始就不顺利，她想像妈妈切的一样又均匀又好看，但又生怕切到手；然后开始炒菜，她发现自己怎么也没有勇气长时间站在锅旁边，油倒在锅里，噼啪刺啦一响，她拿着铲子就躲开了，等到放菜进去的时候，菜叶上的水滴进锅里，飞起的油星烫到了她的手，她"嗷"地一声丢下了铲子。

第一次炒菜的经历让孩子觉得这太难了，忍不住对妈妈抱怨道："我这是学不会吗？真是太打击人了。"

妈妈却说："刚开始就是这么难啊，你做不到也是正常的，多练习几次，勇敢一点，跟着妈妈慢慢学，你总能成功的。"

孩子不好意思地说："妈妈不觉得我在捣乱吗？"

妈妈笑笑："我第一次炒菜也这么热闹的，每个人都有做不好的事情，但我们都有进步的机会嘛，下次努力吧！"

孩子觉得没有刚才那么沮丧了。

孩子总有做不到的事情，总有解决不了的问题，这很正常，没必要一开始就给他那么大的压力，他总是要在不断经历各种挫折中成长的。我们首先放松下来，再去提醒孩子不要过分难过，他才能从我们的态度中有这样的意识。

就像这位妈妈所做的，接纳了孩子现在做不到的事实，认同她当时的感觉的确是难的，并且给出了"慢慢学，多多练"的建议，孩子内心的学不会、做不到的惶恐感得到了安抚，她自然就不会过分纠结。相反，如果你一味地强调"你还小呢，做不好没事"，或者说"这有什么好哭的，你得好好学才能学会"，孩子会觉得更加难过，他可能会讨厌自己当下的状态，也会觉得学习真困难，这显然对他日后对待学习的态度不利。

不管怎么说，孩子都是一步步成长起来的，因为成长中的不顺利，他就会闹情绪，发脾气、耍性子，这个状态是一种正常的状态，作为指导者的妈妈，接纳这种状态要好过回避和生硬地扭转它，只有这样做，孩子才能跟着你学会认识情绪并接纳它。

第四章

善于倾听孩子的心声

——耐心听孩子说，让他释放情绪

孩子并没有多少处理情绪的经验，不过如果能让他把自己感觉苦恼的、悲伤的、愤怒的、不解的事情讲述出来，却可以帮他释放情绪。很多时候，孩子都很期待有人可以倾听他的心声，那么我们就要做一个好的倾听者，以耐心去应对，帮助他平静下来。

孩子，有什么不愉快跟妈妈说说

——妈妈要有主动倾听的意识

随着孩子慢慢长大，很多妈妈发现，孩子和自己交谈越来越少了。尤其是到了青春期的时候，孩子越发把自己关进自己的小世界里，和妈妈的交流也变得不再那么顺畅。

其实，导致这种情况出现的主要原因还在于妈妈。孩子最初的无话不谈让妈妈逐渐产生一种感觉——孩子有事就必须要和妈妈说。妈妈也同样是有着思想的人，而且又有更多地为孩子着想的心思，所以妈妈会一边听一边加入自己的想法，并随机对孩子进行教育、引导、纠正。

遗憾的是，很多妈妈慢慢地没有了倾听的耐心。因为随着孩子成长，妈妈对孩子的关注逐渐转移到了学习成绩好不好、兴趣能力强不强等方面，对于孩子的情绪便不是那么太在意了。

孩子在这方面是非常敏感的，当他发现不管自己表现得是快乐还是悲伤又或者是愤怒，妈妈都并不感兴趣，甚至没有耐心听他把话说完时，他会学着闭嘴，逐渐关闭心门。可是情绪往往是遮掩不住的，孩子总是要寻

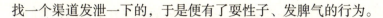

找一个渠道发泄一下的，于是便有了耍性子、发脾气的行为。

所以，并非孩子在故意地耍性子、发脾气，而是他希望有人能理解他的情绪，那么妈妈就要开始"训练"自己有主动倾听孩子的意识。

认真观察但不要过多猜测。

要做到主动倾听，需要我们先去发现孩子的情绪，通过判断孩子是否有异于寻常的表现，才能确定他是否处在不好的情绪之中。年纪小一点的孩子可能情绪表现得会更明显，而年纪大一些的孩子就比较内敛了，只有更细致的观察才能确定孩子的情绪状态。

发现了孩子有情绪之后，不要过多去猜测。比如孩子不高兴，你可以问"你怎么了"，这个开头其实已经够了，这是可以引发孩子讲述的一个开头，但是如果你不满足，接着问"考试考砸了？""和人打架了？""挨老师批评了？""与同学闹矛盾了？"……这些问话虽然看似在关心孩子，但每一个猜测都是负面的，在孩子听来就是另一种含义了——你是不是又惹事了。实际上，妈妈连番的猜测让孩子感觉非常不舒服。

所以，发现了孩子有情绪之后，把重点放在引导孩子说出来就好，不要过多猜测他到底怎么了，带着关心地询问"感觉不好吗？和妈妈说一说好不好？"就已经能让孩子接收到你所释放出的信号了。如果他感觉到安心，也许会愿意跟你说一说。

掌握好倾听的主动程度。

主动倾听意味着我们掌握着听的主动权，按照三个叛逆期的时间段来区分的话，在不同的时间段里，我们的主动程度应该也随之发生变化：

幼儿期时，孩子和妈妈会更黏缠一些，所以如果他有了情绪，我们可以直接走到他跟前，耐心询问，好好听他讲一讲。

儿童期时，孩子自己的想法会更明确一些，但同时他可能会有不想告诉我们的小秘密了，这时我们就不一定非要主动上前去听了，简单问一问"想要和妈妈说一说吗"，如果回答是肯定的，认真听就好，但若是否定的，可以暂时放弃主动，除非孩子自己走过来说，否则就不要强求了。

等到了青春期，就要尊重孩子的独立意识和隐私，就算主动倾听，也不要带出探究的意味来。我们有听的权利，但孩子也有说与不说的权利，而且此时的孩子有了一定的处理情绪的能力，要给予他足够的信任，若是他真的不需要向我们讲，那就没必要主动上前问起来没完，给孩子足够的空间，信任他、支持他就足够了。

认真、专注、平静地去听。

不管是哪个时期的孩子，当他想要把自己心里所想、所经历的事情告诉你时，你要给他一个让他感觉满意的回应，那就是认真、专注且平静地去听。也就是倾听的时候要有一种主动的态度，让孩子意识到，妈妈这是发自真心地想要听他说话，他可以放心去说。

认真，意味着你不会心不在焉，你会好好对待孩子的情绪；专注，意味着你会将注意力都放在眼前的事情上，不会转移也不会瞻前顾后；平静，意味着你可以安抚孩子，妈妈的平静会让孩子激动的情绪受到感染，并最终也安静下来，这无疑是有益于情绪处理的。

妈妈，这就是我的需要

——通过倾听，发现孩子到底需要什么

　　有了主动倾听的意识，代表我们对孩子敞开了倾听的大门，那么接下来，我们的关注点就要转移到倾听的内容上来，借助倾听，你要发现孩子的需求，要从他的情绪中去发现他到底想要什么，到底为了什么而耍了性子、发了脾气。

　　一说到"需求"，有的妈妈就认为这又是孩子在要什么东西了，或者是他又想提什么要求了。虽然孩子的确在诸如物质等方面有一些无理的要求，但这些都只是表面现象，他借助要东西、提要求等方式，也是在表达其内在的那种不满。

　　要成为一个真正了解孩子的妈妈，就要能透过现象去发现本质，借助倾听，借助对孩子情绪的分析，借助他表面的物质等要求，发现孩子到底需要的东西。

　　孩子所真正需求的，都是更深一层的东西，妈妈的认可、可陪伴的时间、用心的关注与呵护、对大小事情的知情权、自始至终不可缺的安全感、对自己及他人的信任等等，只有明确孩子真正需要的东西，我们才能给出最确切的帮助，以更快地平复他的情绪。

所以，这就提醒我们在倾听的时候要注意抓重点。到底怎么抓呢？

关注孩子话语中的关键词。

虽然是在发泄情绪，但孩子一般都会在话语中暴露出一些关键词，这些关键词往往就会引出他真正的需求。比如，当孩子的话语中出现"我想……""我只不过是……""我真的希望……""我讨厌……"等一系列关键词时，这些关键词之后的内容就很重要了，这些内容往往就是孩子想要表达的主题。

明白孩子有时候的口是心非。

当得不到想要的东西、无法实现需求的时候，孩子可能就会赌气，他可能会说反话，故意做出不好的事情来，或者明明想要却拒绝了。有的妈妈对于孩子的这种状态很不理解，可能会认为，"他既然需要，我给了，可他转头又不要了，这不折腾人玩儿吗？这难道还不是故意的？"

针对这种情况，我们也要好好看看自己的表现。比如，在满足孩子需求的时候，你是不是不耐烦？如果是，那么孩子会认为你并非心甘情愿，他依然觉得不满足；再比如你有没有说过"就这么点小事你也生气"一类的话？如果有，那么孩子会觉得你并不重视他的心情，他的情绪可能会更进一层。

也就是说，孩子这时的口是心非其实依旧是他情绪的延续，我们是不是有耐心、有爱心，是不是真的抓到了他真实的需求，都会影响我们对其情绪的平复效果。所以，倾听的时候要收敛自己的情绪，好好地听，好好地去挖掘，顺着孩子的需求去探寻，才能找到他闹情绪的原因。

关注孩子想要引起关注的行为。

发脾气的孩子很希望能引起我们的关注。比如，有的孩子会弄出很大的声响，但是等你看过去的时候他却赌气转开头，可是没过多久，他又会悄悄地关注你一下，看看你是不是还在注意他。如果你不再看他了，他就继续弄出其他声响或者在你面前晃一圈，总之他希望你能真正注意到他的情绪。可是，如果你走过去了，问他了，他也许还会跑开，以表示他依然还是有情绪的。直到过一段时间，他可能会慢慢再蹭回来，再次跟你说话，或者等着你过去，他就会告诉你了。

这个过程可能会让有的妈妈感到很抓狂，因为孩子此时显得反复无常，有点像无理取闹。但你要理解孩子的心理，短暂地让双方都冷静一下，然后耐心且温柔地主动和他交谈，也许就能展开交流。

不要总是借助孩子的情绪才发现他的需求。

虽然说在孩子闹情绪的时候去认真倾听，的确可以发掘孩子的真正需求，但是这并不是了解孩子的好方法。有的妈妈每次都是等到孩子闹情绪了，才意识到自己忽略了孩子，这本身就已经是我们自己的问题了。

一旦我们发现孩子因为需求得不到满足而闹情绪时，就要将这个问题真正重视起来。比如，孩子觉得你陪伴他的时间太短了，那么你就应该好好安排自己的时间，或者和家中其他人做好沟通，多给孩子一些陪伴的时间，让他得到满足，他自然也就能体谅你偶尔的缺席而不再闹情绪了。

您说的那些，我就是不想做

——通过倾听，了解孩子为什么要对抗

对于孩子，我们总是希望他能听话。也就是妈妈说的话，孩子可以听进去；要求他做的事情，他能按照要求去做；指出来的问题，他能遵从去改。可是，对于我们的希望，孩子却有一招"绝杀"，那就是"不听不听就不听"，无论你说了什么事情，哪怕你觉得再重要，可到了孩子这里，他就是不想做。

对于妈妈的话，孩子表现出来一种对抗心理，这让妈妈感觉自己的权威受到了挑衅，如果此时妈妈对孩子强加更严厉的要求，他会反抗得更厉害，妈妈也会因此更生气。

所以，这时候最好的应对方式，应该是"反其道而行之"。孩子对抗了，不是斥责他对抗的行为，而是绕开他的情绪，去了解他为什么要对抗，倾听他的对抗理由，然后再去化解对抗，或者解决对抗背后的问题。

其实孩子的对抗无非有以下几个原因：

你说错了。

不了解就容易误解，只从自己的角度出发去思考也容易出错，盲目地听信他人一样会出错……你可能在各种情况下对孩子得出错误的结论，并由此下达了错误的指令，孩子不愿意认可，自然也就会对抗了。

只不过，有的孩子对抗得可能激烈一些，如选择耍性子、发脾气的方式来对抗，这一方面证明你可能真的是错得离谱，另一方面也证明孩子对情绪的控制的确需要好好训练一下了。所以，如果真的是我们自己说错了，那首先做出改变的也应该是我们自己。

违背了他的意愿。

每个孩子都有自己的想法，他是一个独立的人，对事情有自己的观察角度和思考方向。如果被强硬要求按照妈妈的意愿或者他人的意愿去做，孩子觉得违背自己的心意，也会拒绝执行，有一些比较执拗的孩子还会强硬到底。

这时你需要好好了解孩子本真的意愿到底是什么，再将其与你的意愿进行对比，并好好分析一下这二者之间到底哪里出了问题才导致沟通不畅，并思考孩子的意愿是否可行，是否遵守了原则，然后才能决定是不是要按照孩子的意愿去更改最初的要求。

吸引你的注意力。

对抗不一定是真的不愿意听从，而是孩子用以吸引你的注意力的一种手段。这种手段在年龄较小的孩子身上，或者一些缺爱、缺陪伴的孩子身上非常常见。也就是说他对抗的主要意图并不在于反对你的要求，他反对的是更深层次的东西。所以这时你就更要关注他真实的想法，看看自己是不是忽略了他太久，纠正自己才能解决对抗。

自身问题。

没有耐心、缺乏毅力、懒惰、不想负责任……孩子身上的种种问题，都会导致他选择对抗。每个孩子都或多或少地有各种各样的毛病，导致他可能用一种消极的态度来对抗我们的要求。比如，孩子本身就懒惰，你要求他"每天都要早起"，对他来说就是一种折磨了；还比如孩子没有责任心，你要求他"自己出了问题自己解决"，那他就会感觉很难过，并不想自己主动；等等。

孩子的对抗心理也同样折射出其背后的问题，所以，我们也要好好听听他对抗的理由，好好观察他的行为习惯，了解他对抗的心理。有时候你可以询问一下，倾听孩子的回答中都包含了哪些关键信息。比如说，你不了解实情就批评孩子，那么孩子肯定非常委屈，你就要抓住这个委屈，了解事情的真相，好好听孩子说一说，多问一问。这个过程其实也是帮孩子释放情绪的过程，等你了解了真相，你差不多也就能帮助孩子理顺他的情绪了。

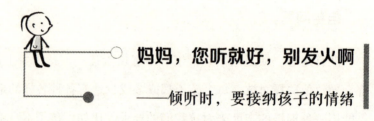

妈妈，您听就好，别发火啊

——倾听时，要接纳孩子的情绪

闹情绪的孩子基本不可能好好把话说完，在这种状态下，他从说话的态度到内容都不可能很好。那么，作为妈妈，你是怎么应对的呢？

有很多妈妈并不能很好地应对这个问题，一旦孩子带着情绪说话了，妈妈首先就跟着生气了，"你怎么能这样和妈妈讲话""你太不懂礼貌了"，一下就把孩子的行为上升到了不孝顺、不懂礼的高度。因为有了这样的一个思维制高点，妈妈接下来的表现就会很严厉了，并借此开始转而批评孩子的态度，指责他的办事能力，即便孩子真有问题，妈妈也会觉得那个问题就是他的错误导致的。

其实，从你因为孩子的情绪而发火的那一刻起，就意味着你关注的重点已经彻底偏离了孩子问题的本真。如果你不能包容孩子的情绪，不能在倾听的同时将孩子的情绪也接纳进来，那么你势必会只从自己听到这段话的感觉出发，只会更多关注自己的感受，而忽略孩子真正的想法。

所以倾听的同时，你要接纳孩子的情绪。

多关注孩子讲话的内容，而不要受到其情绪的牵引。

孩子之所以闹情绪，是因为他遇到了问题，我们应该更多地关注他的问题，而不要过分在意他此时的情绪。因为孩子处理问题的能力并不强，所以他会因此有各种各样的情绪，这是正常的，只要解决了根本的问题，孩子的情绪自然也就能化解了。

如果孩子情绪激烈，给他几分钟安静时间。

孩子大哭的时候、发怒的时候、犯愁的时候……这些情况下，周围人的盲目干涉其实是不妥当的，因为孩子当时会专心对抗情绪，并不一定希望周围人介入。

几个孩子一起玩耍，在角色扮演上出现了分歧，一个小女孩的要求被他人拒绝了，她感觉很不舒服，就一个人站在一旁生气，并掉了眼泪。

周围陪伴孩子的三四个家长上前开始劝小女孩，让她别再哭了，鼓励她和大家一起玩。因为有家长围过来，孩子们也都围了过来，轮着劝说，但小女孩却没动，一副不听他人劝的样子，看上去很不近人情。

能说这个小女孩有问题吗？并不是这样的。孩子正在体验自己的情绪，被拒绝当然不舒服，她需要自己冷静一下，但周围人的不断劝说显然打扰了她。而且大家并没有接纳她的这种不舒服的情绪，盲目的劝说对她来说其实也并不是多么舒服的体验，甚至可以说是"往伤口上撒盐"。孩子显然还没有走出情绪，所以任何劝说不仅无效，还会起反作用。这也就是说，如果你不接纳孩子的情绪就直接去教育他，他的内心一定会拒绝你的教育。

所以，不要轻易就被孩子的情绪牵着走，你只有包容他的情绪，才能绕开情绪所带来的不稳定因素，直击最核心的问题根源。

不要给出任何增加孩子情绪的说辞。

本来孩子就在生气，你却说"有什么好生气的"，他一定会变得更加生气，因为他的情绪被否定了，而且他也会觉得你没和他站在一条战线上，那就连你的气一起生了。

本来孩子哭得伤心，你却说"别哭了，要坚强"，这也是没用的，他反而哭得更凶。脆弱状态下，孩子内心根本就不想坚强，他就想好好发泄一下，你这种太"官方"的话会让他觉得你很无情，不够温暖。

从这样的角度来看，我们在倾听时，要明白他的情绪都是真实的，不要盲目劝解，不要非让他憋回去或者改变，一切顺其自然，顺从于孩子当下的感受，他反而会觉得更舒服一些。

你的情绪应该始终保持平静。

你可以理解、包容孩子的情绪，但并不需要你和他产生同样的情绪，否则他生气你也生气，他悲伤你也悲伤，他会觉得原来告诉妈妈并没有什么用。他需要在你这里获得依靠，所以你的平静才最能让他感到安全。

你要保持心平气和，这样你才能从孩子那或断断续续或愤怒夸张的语言中听出来他到底怎么了，并找到孩子之所以产生这种感觉的原因。你可以在这个过程中去好好思考，以最终找到帮孩子化解的方法。所以说，平静不仅仅是安抚孩子情绪的法宝，也是让我们可以正确、理性思考的最佳状态。

请先别打断，别指责我啊！

——先听孩子把话说完

听人说话，需要听得完整，擅自打断，原本就已经很不礼貌了，如果打断之后还要高高在上地指责、批评，那就更让人觉得不舒服了。这原本是与人沟通交流的一个基本礼貌，但遗憾的是，我们似乎只将这种礼貌应用于让自己感觉彼此地位平等的人身上，如果面对的是自己的孩子，这种礼貌立刻就会荡然无存。

很多妈妈在与孩子交流的过程中，总是尽量让自己处于一种主导地位，自己掌控着对话的主动权，想要什么时候开口打断全由自己决定，而打断之后，自己想要说什么就说什么，对孩子也毫无顾忌。孩子会因为话语被打断而产生不被尊重的感觉，并因为被妈妈高高在上地指责、批评，感到自己话语权的卑微。

从成年人的心理来看，打断孩子说话，原因无非有这几种：

第一种，"孩子太幼稚，说的话都不可信"。我们认为孩子活得太单纯，所以他说的很多话都不能当真。

第二种，"孩子挑战了我的权威"。这是我们打断孩子说话的一大主因。很多妈妈认为，孩子就应该顺从，而不是时刻想着"挑战"。

第三种，"孩子经常犯错"。我们不愿意接纳犯错的孩子，所以与其等着他犯错，还不如在他刚开口的时候就直接截断比较省事。

第四种，"我教育孩子天经地义"。这是一种盲目自信教育会成功的表现，对自己的这份教育责任相当看重，无时无刻不想要有所表现。

仔细分析一下，这些原因无不是从我们自己的感受出发的，并没有考虑到孩子的感受，我们觉得自己的父母权威是需要得到肯定的，却忘记了孩子作为一个独立的人也同样需要尊重和肯定。

要改变，不妨从这几个方向入手：

改变你在孩子心中的形象。

你有没有注意到，孩子在你面前越发不会主动表达想法了，这正是因为之前你屡次打断他并高高在上地指责他，让他觉得"不多说才是最安全的"。所以若想让孩子能自然地在我们面前表达，就要让他慢慢放下心防，用一个温柔的、善解人意的妈妈来代替原本那个高高在上的妈妈。当你的形象在孩子眼中大有改观时，孩子也会试探着放开来与你面对面交流的。

改变孩子在你心中的形象。

我们已经习惯了在孩子说话的时候开口打断，是因为我们似乎笃定了孩子是有问题的。如果我们不能用一种更客观的眼光去看待孩子，那么当他下次开口的时候，我们还是会毫不犹豫地打断。

中国有句成语叫"相由心生"，意思是你心里怎么想，你眼里的世界就是什么样，或者说你心里所想的内容，会表现在你的面相上，是好是坏，一眼洞明。对于孩子的教育也是一样的道理，如果你能用积极向上的心态去看待孩子，就会更容易发现独属于他身上的那份美丽与阳光，你自己的脸上也会多很多亮眼的光芒。而当你不再只看到孩子的不好，多关注他的好时，你的内心就会变得更平静一些，也会少一些对他的负面评价，也就能多给他一些开口的机会。当然，孩子愿意表达，与你相比之前不一样的那种慈爱的面容也有很大关系。

练习自己的忍耐性。

要做到不打断孩子的话，还要磨炼自己的忍耐性，就是当孩子开口的时候，要耐得住性子去听孩子说话，不管他说了什么，都不需要我们当下就跳起来去训斥，好好听孩子把话说完，听他把事情讲清楚。在听的过程中，将有疑问的地方整理一下，待他说完之后再去开口。

最开始，我们可能并不能一下子就做到，可以从 5 分钟开始，每次比上一次都晚开口 5 分钟，每次打断后都提醒自己下次要有耐心。作为成年人，应该有比孩子更好的掌控力，做到自我控制，给孩子完整表达的机会。

认真了解事情的全部。

很多妈妈之所以会指责与批评，无非就是孩子说的某一个点触碰到了她们的神经。比如，孩子说"妈妈，我这次考试考了 70 分"，这只是个开头，但听到 70 分，有的妈妈就会觉得这是一个非常不理想的成绩，接着就开始开启教育模式，一系列的"不好好学习就没出息""你怎么能考这么低""是不是没听懂、学不会"等教育内容也就脱口而出了。可实际上呢？也许这次考试真的很难，考了 70 分的孩子都算是高分了。

很多情况下的高高在上，都是我们自己给自己"加戏"，让自己感觉是站在一个教育制高点上。然而当我们不了解事情的全部时，我们的制高点就是一个源于自己内心想象的空中楼阁，并不稳固，而由此出发表达的教育内容，自然也就不会为孩子所接受了。

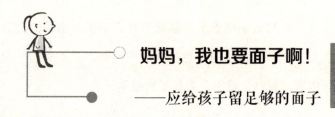

妈妈，我也要面子啊！

——应给孩子留足够的面子

批评孩子还需要面子吗？孩子做错了事情、出了问题，难道不应该点明他的问题，然后给予狠狠的教训，让他能"长记性"，以保证日后不再犯吗？就如一位妈妈所讲，"如果教育孩子还给他面子，那他一定觉得你是在开玩笑，肯定不好好听。你只有严肃、严厉，狠一点，他才能听，才能镇得住他"。

可是孩子又不是洪水猛兽，哪里需要"镇得住"，他需要的是能帮他解决困难的方法，需要的是有人能点亮他心中的明灯，帮他照亮迷茫的前行之路。教育的本意是要让孩子讲原则、守规矩、懂知识、有能力，可不是为了让他丢面子。

所以，我们也要换个思路，试试下面这些方法。

单独教育孩子的时候要尊重孩子。

说话口无遮拦，这是很多妈妈的通病，但有的妈妈却会辩解称，"我这就是'刀子嘴豆腐心'，虽然话说得狠一点，但有用啊，就是为了教育他"。不当的话语会变成伤人的利剑，更何况这利剑还是妈妈刺过来的。对于孩子来说，妈妈说的每一句狠话都会很扎心，为什么不让自己是"豆腐嘴豆腐心"呢？

所以，即便是单独教育，没有人围观，我们也要顾及孩子的自尊心，给予他最起码的尊重，哪怕是生气了甚至是愤怒了，也不要随口说出特别狠的话，否则话出如泼水，覆水而难收，话语对心灵的伤害一旦形成也将难以愈合。

众人面前更要给孩子留面子。

并不是所有的教育都可以等到回到家关上门再说，可能有一些特殊时刻，需要我们当众对孩子进行教育，那么这时就更要给孩子留面子了。

比如，孩子在公共场合大声喧哗，有的妈妈会用比他还大的声音训斥他："闹什么闹！像什么样子！我看你就是欠揍了，没人要你！"妈妈的大声会引来他人的侧目，周围人对孩子的不经意的"围观"，会让孩子感觉自己的错误被放大了。再小的孩子也有羞耻心，再顽皮的孩子也并不喜欢外人围观他犯的错误，当众训斥只能让孩子越发难堪，可能还会表现得越发不讲道理。

众人面前，我们可以在当时制止，但不要立刻和他讨论这个问题，迅速寻找其他事情转移孩子的注意力，让他停止当下的行为，并在彼此都平静之后，再寻找人少的地方，好好和他说一说。

不要为了自己的面子而放弃孩子的面子。

作为孩子的直接教育人，我们非常看重自己的面子，很害怕周围人说"这是谁家的孩子，真没家教"。而一旦受到了他人的指责，有的妈妈往往都会选择"丢孩子的面子而保自己的面子"。

比如，妈妈与老师见面，听到老师罗列孩子的缺点，妈妈可能就会回应："我在家也说他，他就是不听，这个孩子真是太顽固了。"这其实就是一种下意识的对自我的保护。但是，我们保护了自己，却把孩子直接推到了无人支持的境地，孩子感到孤立无援，内心是不会去反省错误的，他只会开始怨恨。

事实上，孩子的面子就是我们自己的面子，孩子表现得好了，我们自然会觉得脸上有光。孩子需要获得支持，尤其是在他被批评的时候，我们的支持对他来说是最稳固的支柱，他会对我们产生心甘情愿的依赖，这时再去教育他，他也更容易接受。

有原则地维护孩子的面子。

我们需要记住的原则是，孩子的成长需要肯定、鼓励与支持，同时他犯错也是必然的事情，要给予他合理的引导和帮助，维护孩子的自尊，会让他更有自我努力改变的动力。

但是，不能毫无原则地去维护孩子。比如，本来孩子就做错了，但我们却还要说"他们说的都不对，你是最棒的"，这种维护变成了偏袒，无异于在培养孩子骄横跋扈的性格，反而会让他自我膨胀，无法正确认识自己。

　　在保护孩子面子的前提下，可以给予合理的帮助让他进步，但同时也要让他明白人无完人，他不是完美的（但却可以不断完善自己），所以才会犯错，但犯错并不是无可救药的，只要他认真努力去改正了，有了进步，也就向着更加完善的自己前进了一步。

第五章

给孩子足够的理性之爱

——不缺爱的孩子脾气好

四季如春的地方，温度适宜，让人感觉舒服。极寒、极热、多风、多雨的地方，因为不能获得均衡的气候滋养，就好像环境闹了脾气，降低了生活舒适度。同样的道理，我们给予孩子的爱就如这气候，足够理性的爱自然会平复孩子的坏脾气，让他安静下来。

我只感受到您的脾气，感受不到爱

——不要随便对孩子发脾气

"因为我爱你，所以我才这么生气。如果我不爱你，如果换个别人，我才懒得理他，才懒得和他发脾气。"这是很多妈妈都很认同的一个理论，认为"爱之深才会责之切"，所以哪怕自己口无遮拦，也是因为出于自己内心一片不知道该怎么表达出来的爱意。

然而，凡是对着孩子发脾气，还要转头告诉他"我爱你才骂你"的妈妈，多半都得不到孩子好的回应。因为孩子是直白的，他喜欢看到温柔的妈妈，喜欢听妈妈开心地和他讲话，更喜欢妈妈能理解他、爱护他，而非整日冷着脸训斥他。

一个4岁孩子的妈妈分享了自己的经历：

孩子晚上太兴奋，躺在床上不睡觉，我哄他，他不听，后来我脸色变得不太好了，他意识到我生气了，便不停地说"我想要妈妈高兴"。

他不停地说，但我的注意力却全在怎么能让他安静睡觉上，我就很生硬地回应他："你好好睡觉我就高兴了，你不睡觉，我都快烦死了。"

结果，孩子哭了，他一直看着我，一直重复着"妈妈高兴"。他固执得很，我却一直没有意识到这一点。

我和他关注的内容显然不同，我以为我用"你睡觉我就高兴"的教训会让他改变，但他却专注地希望我改变态度不再发脾气。

从这件事，我感觉孩子其实看得很透彻，"只要你如何如何，我才如何如何"这样的教育方式，对他来说是不管用的，他不会将二者联系起来，或者说当我生气了、发脾气了，他专注于让我变回温柔的样子，而并不愿意如我所愿地去做出改变。而相反的，我回忆以前好好跟他说话的时候，他都会很乖，很乐意享受这份温暖，并乐于接纳我的建议。

的确，哪怕是只有三四岁，孩子也已经意识到了，他并不喜欢妈妈的脾气，他更愿意接纳妈妈温柔的爱。那些所谓的"带有爱意的脾气"，对孩子来说是没有效用的，他只会注意到脾气，并不能感受这其中的爱。

至于说大一些的孩子，对这其中的因果关系可能可以理解，可是他也同样不喜欢这种表达爱的方式。

比如一位小学生就在日记中写道：

妈妈总说，"我骂你是因为爱你"，可是，你都骂我了，我怎么能感觉到你爱我呢？骂得那么难听，说我"没出息"，说我"笨得要死"，说我"无可救药"，这些话明明都是贬义的，我怎么看都没法从里面看出你爱我啊，妈妈！

　　越大的孩子其内心越敏感，尤其是到了青春期，孩子的敏感程度会到达一个顶峰，你以为自己是在饱含爱意地教育他，可一旦你脾气发作，孩子只会从中感受到狂风暴雨。青春期的孩子本身就敏感多思，更想要向成年人证明自己，如果我们不能好好说话，不能好好表达爱，他就会从我们身上感受到一种敌意，而他也将以牙还牙，同样用敌意来应战，亲子关系自然也就变得越发剑拔弩张。

　　由此可见，孩子很多时候发脾气、要性子并不是自愿所为，很可能就是我们这种所谓的"爱的脾气"让他受到了感染。我们觉得自己是在送孩子一枝玫瑰，但玫瑰上满是长长的尖刺，孩子被扎疼了，哪里还在意玫瑰好不好看，他会更关注自己被扎伤的伤口，很疼、会流血，他会厌恶这种感觉。

　　所以，请不要随便对孩子发脾气。作为成年人，你理应更加成熟地应对各种问题，而不是轻易就被孩子激怒。好好说话，哪怕是真的生气了，用一句"我现在感觉很生气"也要好过各种"花式谩骂"。即便是很小的孩子，你一句"我生气了"，也能让他意识到自己的行为是不好的。而且，越是平静的表达，反而越能起到让孩子警醒、自我审查、想要变好的作用。

您陪我长大，我陪您变老

——给孩子足够的高质量的陪伴

没有人能独自太久，总是需要有人陪伴的，孩子更是如此。从小到大，只有获得高质量陪伴的孩子，才会感受到真正的幸福，才能拥有更平和的个性。只有好的陪伴，才能让孩子真真切切地感受到爱。

有一位妈妈一直忙于工作，孩子跟着爷爷奶奶生活。最近，妈妈终于得到了一个时间比较长的假期，便带着孩子出去玩，许诺他喜欢什么就给买什么。哪知道，孩子的兴致并不算太高，尽管游乐场很好玩，但孩子和妈妈并没有很多交流，期间孩子还总是想要回家，和妈妈并不亲近。最终，孩子有些疲惫地跟妈妈说："我们回家吧，我想吃奶奶做的饭了。"

妈妈觉得有些伤心，情绪也很低落。她想的是要好好补偿孩子一下，让他开心，哪知道孩子却因为忽然被妈妈从爷爷奶奶身边带走，感到了不适应，内心抵触了起来，他并没有体会到快乐，反而是满满的忧愁。

孩子是靠着高质量的陪伴才能建立起安全感的，也只有通过长时间高质量的陪伴，才能和陪伴者建立起亲密关系。孩子如果缺乏来自亲人所赋予的爱，便也学不会对他人表达爱。内心无爱，他又怎么可能有好脾气呢？

所以，让孩子有平和的性格，成为一个充满爱心的孩子，高质量的陪伴是必不可少的。具体来说，又该怎么做呢？

高质量的陪伴，需要合理安排时间。

有的妈妈认为，若想陪伴孩子，就必须要有足够的时间，那么自己的事业、生活就需要做出让步与牺牲，然而事实并非如此。

有一位妈妈每天工作繁忙，甚至连周末假期都很少休息，可是她每天下班回家之后，都会腾出一小时时间来与孩子一起看书、做游戏、聊天，做孩子喜欢做的事情。孩子每天都能感受到妈妈的陪伴，即便妈妈没有足够的假期和孩子长久相处，孩子也同样感觉很满足。

这就是说，并不是时间越长意味着陪伴的质量越高，而是我们如何让有限的时间发挥无限的作用。合理安排时间，保证每天都能与孩子有时间相处，这样就既能满足我们自己的工作生活需求，又能满足孩子的需求，何乐而不为呢？

高质量的陪伴，需要和孩子做有意义的事。

陪伴是一个行动过程，而非静态过程，或者说你不是在孩子身边做一个背景板，你要和孩子有足够的互动，让这段陪伴的时间变得更加有意义。比如，和孩子一起看他喜欢的书、与孩子一起动手完成一件作品、满足孩子长久以来的一个愿望、与孩子一起聊聊彼此经历的事，等等，让孩子意识到陪伴就是做有意义的事情，他也会更珍惜这段时光，并能从这段陪伴中有更深刻的体会。

高质量的陪伴，要留意到孩子的真正需求。

陪伴孩子，应该以孩子为主角，而非我们去做主导。孩子真正需要什么，是我们陪伴过程中关注的重点。

一位妈妈工作忙碌，陪孩子的时间很少，但是妈妈注意到孩子喜欢上了轮滑，于是就买来全套的轮滑装备，并给他报了轮滑兴趣班，满足了孩子想要学习轮滑的心愿。只要自己有空闲，妈妈也会陪着孩子一起玩轮滑，孩子感觉有妈妈陪伴很开心。

有的妈妈习惯用买买买来让孩子开心，或者带着孩子去自己认为孩子会喜欢的地方去玩，其实这都是妈妈的补偿心理在作祟。与其用这种自我以为的方式进行补偿，倒不如去关注孩子到底需要什么，满足他的需求，反而更能让他感到幸福、快乐。

高质量的陪伴，需要妈妈有发自内心的真情。

陪着孩子的时候，你还在看手机吗？既然决定要陪伴孩子，就要停下手里其他的事情，寻求有意义的活动来和孩子一起度过短暂的时间。你的全部关注都应该在孩子这里，用笑脸、温柔来包围孩子，用积极的回应来让孩子感受到你对他的关注。这种发自内心的有真情的陪伴，才是孩子最想要的。

又拿钱来补偿我

——金钱与物质代替不了精神上的爱

很多忙碌的妈妈会用金钱、物质来表达爱，这也是一种无奈之举，她们想要借助这些东西来补偿孩子。为了显示自己的爱，妈妈可能会变成"你要什么，我就给你买什么"，对孩子的要求来者不拒，生怕自己的冷落会再次伤了孩子的心。

但是孩子面对的是金钱、物质，这些都是冷冰冰的事物，不会笑，不会温柔地拥抱，不会喊孩子的名字，不能与他进行沟通，他能从中体会到什么呢？孩子最想要的是妈妈，是活生生的人，他在意的是给他东西的人，并不是那个东西。

不仅如此，孩子也会逐渐对物质、金钱产生一种别样的认知，慢慢地他的眼里便只有这些东西，反而没了亲情，而他整个人也因为经常接触这些东西变得跋扈、为所欲为起来。随着孩子长大，他想要的东西也会越来越多，越来越没有节制，可是对父母的怨恨却也随之越来越大，最终亲子关系反倒变成了物质关系。

由此可见，金钱与物质永远都代替不了妈妈的爱。爱孩子就要让他从精神上、从心灵世界上体会到爱，而不只是靠着物质来堆砌。

摆正自己对爱的认知。

你所理解的爱是什么，就会给孩子怎样的爱，重要的是我们自己到底是怎么看待"爱孩子"这件事的。

观察一下，最初孩子收到新玩具之后，说完"谢谢妈妈"，接着就会不停地告诉你他在这新玩具上的发现、感受，他会乐于向你展示新玩具的功能，并期待着你能与他互动。由此可见，新玩具只是一根引线，孩子的积极性被调动起来，紧接着他想要与你一起分享，和你一起享受快乐，他才真的感觉快乐。所以你的爱应该是向更深层次发展，而不是只停留在孩子看到礼物、金钱之后的那一刹那。

好好理顺你对金钱与物质的理解。

有的妈妈说了，我有钱，我有能力给孩子买更多的东西。但这些都是你的感受，并不是孩子的。如果你毫无顾忌，那么孩子只能从你这里继承这种毫无顾忌，也变得无所谓，变得对金钱、物质没有珍惜概念，这将是一个很糟糕的发展。

相反，如果你知道珍惜自己的劳动成果，并能在孩子面前有理性地运用金钱、添置物质，并且不总是将它们当成一种表达爱的方式，孩子也就能跟着你学会对金钱和物质的理性的态度，从而变得不那么贪婪。如此一

来，即便日后真的经历了这方面的诱惑，他也会理智地去应对。

多给予孩子精神上的爱。

得到一个数额巨大的红包，或与妈妈一起去野餐，你认为孩子更喜欢哪一种？他恐怕更喜欢后者。因为与妈妈一起去野餐，享受的是一段惬意的时光，他可以跑，可以玩，可以和妈妈一起吃好吃的，可以钻帐篷，可以在草地上打滚，这些实实在在的体验，对他来说更有吸引力，更何况是与最喜欢的妈妈在一起。

我们总说孩子怎么越大越不那么亲近了，其实都是我们自己把他推远了，不管多大的孩子，都会喜欢这种能和妈妈一起惬意的时光，这正是来自精神上的爱所带给他的舒适感。

合理支配金钱与物质。

不能使用金钱与物质来表达爱，就意味着完全将其隔离了吗？自然也不是的。金钱与物质不是表达爱的主要方式，但却可以成为辅助方式。这个辅助方式依旧掌握在我们的手中，根据自己的经济实力，合理地支配金钱，合理地选择物质，让孩子有正当的享受。

要注意的是，不要打肿脸充胖子，不要刻意显摆，一切自然表现。比如，用一本书作为孩子考得好成绩的奖励；用一次没有经济负担的旅行来带着孩子去见识不一样的世界；给孩子合适数额的金钱，鼓励他学习理财；让他知道金钱与物质除了自我享用还能奉献他人；等等。

请问妈妈，您这是爱我吗？

——别以爱的名义去伤害孩子

爱，原本是一个充满温暖的行为，但若是表达不当，也会变成伤人的利器。很多妈妈就是如此，经常打着爱的旗号，反倒对孩子造成了伤害。

有的妈妈对孩子动辄打骂，却说："我那都是为了你好，不这样你怎么能长记性呢？"

有的妈妈对孩子事事过问，却还振振有词："我只有了解你，才能发现你的问题，懂吗？"

有的妈妈什么都替孩子安排好，告诉孩子："我这么辛苦，还不就是为了让你少走弯路啊？"

有的妈妈只要自己不舒服，就会对孩子说："我这么不容易，累死累活，就为了你！"

还有的妈妈干脆就直接告诉孩子："我要不是你妈，才懒得管你！"

……

看上去妈妈做的好像正确的事，都是为了孩子，但这"正确"只不过是自认为的罢了。因为妈妈做这些事情的时候，都是出于自己的意愿与考量，凭借自己的猜测，做出能让自己满意的选择，并充分展示自己的巧舌如簧。妈妈做这些事的唯一且最大的理由，就是爱。

但是孩子，这个同我们做这些事情最直接相关的人，却对这份爱有着别样的感受，在孩子看来，妈妈做的很多事都是不可理喻的：

只因为爱我，就可以随意打骂吗？

只因为爱我，就能随便翻看、打探我的隐私吗？

只因为爱我，就能完全不用在意我到底怎么想的吗？

只因为爱我，就可以无视我的意见吗？

只因为爱我，就必须接纳妈妈所有的命令、要求，而不用管是不是有道理吗？

……

孩子内心是矛盾的，一方面他希望获得爱，但另一方面他又被这种密不透风、重如千斤的爱压得透不过气来。妈妈付出了很多，孩子也努力想要迎合，但是妈妈那种带着伤害的爱，会让孩子遍体鳞伤，不仅没有了自我成长的机会，还跟着妈妈学到了简单粗暴的解决问题的方式，学到了过分自我的成长方式。显然，这样的爱给孩子的身心带来了极大的痛苦。

那么，怎样去爱才是正确的呢？

完全可以正向且直接地告诉孩子"我很爱你"。

孩子更喜欢你正向且直接的表达，比如在孩子告诉你"我最喜欢妈妈了"的时候，你也可以拥抱他，告诉他"我也很爱你"；在孩子感觉委屈难过的时候，你摸摸他的头，告诉他"妈妈爱你，会一直站在你身边"；在孩子过来与你分享成功或快乐的时候，你和他击掌，告诉他"我真的很喜欢看你努力快乐的样子"；等等。

正向且直接的表达，会让孩子更深刻地体会到妈妈对他的爱，这总要好过妈妈拐弯抹角的反向刺激。有效表达的爱，才能带来温暖。

如果你不喜欢怎样被对待，那就不要那样对待孩子。

教育孩子，不要单凭自己的感觉，想当然地认为怎么做是对孩子好，这是教育的一大忌讳。古人很早就提醒过我们，"己所不欲，勿施于人"。如果真的想要好好爱孩子，那就想想你自己需要怎样的爱。比如，你觉得自己需要自由空间，那孩子也一样需要；你觉得自己想要被温柔相待，那孩子也有同样的需求；你认为自己的秘密不容他人侵犯，那孩子的秘密也只由他自己做主；等等。你自己先要有所体会，再让孩子去感受，才更贴近真实。

不要用爱来掩饰自己的错误。

有一类妈妈，教育孩子的时候很随意，结果一旦发现冤枉了孩子，或者发现教育得并不对，为了维护自己的权威形象，她便会说："我还不是为了你好，急得我都不知道说什么了。我每天那么累，都是为了你，你要记得我的好，一定好好表现。"三言两语，就把自己的错掩饰过去了，且把所有的责任又都推回给了孩子。孩子会因此感觉非常不服气，长期如此，他怎么可能会有好脾气？

如果你做错了，就要真诚地承认自己的错误，而爱的表达，则要放在最后，你可以告诉孩子"不管你做了什么，我都爱你。但我做错了事，还是要向你道歉"。

要不要向孩子道歉还是分情况的。

一般来说，妈妈应该勇敢地向孩子道歉，这好像没有什么不妥，很多教育专家也是这么提倡和建议的。尽管如此，在要不要向孩子道歉这件事上还是有必要再深究一下的。

当错怪孩子、失信于孩子、伤害孩子等情形发生时，适当的、及时的、诚恳的道歉是必要的，正如一位心理学家指出的，"父母错了，或违背自己许下的诺言时，如果能向孩子说一声对不起，可以帮助孩子建立自尊，同时能培养孩子尊重他人的习惯"。但不要把道歉当成自己以后继续犯错误的挡箭牌，当歉道得多了，也就没什么正面价值了，因为无论是道歉方的妈妈还是接受道歉的孩子，都不再看重已毫无力度的"对不起"三个字。

如果因为一点小事（如早上没及时叫孩子起床、晚餐准备不及时等）办得不妥当就向孩子道歉的话，只会让孩子感觉"妈妈欠我的"，如此他反而会变本加厉，认为妈妈有各种不合格的地方，他还能心平气和地生活、学习与成长吗？亲子关系还会正常地存续吗？而如果妈妈也认为自己亏欠了孩子，试图去补偿他，就更会助长孩子的"债主"心态，他会认为大家都欠他的，都应该对他好、补偿他点什么。再严重一些，孩子甚至会认为全社会都欠他……终将一发而不可收拾，那就真把孩子给害了。

　　可见，对于向孩子道歉这件事，还是要分清情况，不是所有的不妥都需要向孩子道歉的，也不是所有的道歉都会发挥积极作用。

妈妈都替我干了，真没意思

——对孩子的事，不包办代替

孩子会因为缺爱而闹脾气，如果我们事无巨细地都为他操心，他就应该得到满足了吧？可是事实再一次出乎我们的意料——"接受"了太多无微不至的爱的孩子，也同样会脾气暴躁。

孩子们凑在一起玩耍，其中有一个小姑娘，不管玩什么都要扭头问一问一旁站着的姥姥自己下一步要做什么，而她的姥姥也特别"周到"，在小姑娘玩耍的过程中，会不停地提醒并示范。

一场游戏下来，其他孩子玩得酣畅淋漓，只有这个小姑娘，玩什么都没有常性，玩一会儿就没有兴趣了，而且还因为总是出错被"教育"。很快她的表情就不那么好看了，最终她没好气地跟姥姥说："我不玩了，我要回家。"

如果连玩耍都要帮着孩子做决定，教他去走每一步，那么孩子还能从中体会到什么乐趣呢？感受不到乐趣的孩子，自然会觉得没意思，没意思就会引发他的烦躁，发脾气也就在所难免了。

爱孩子一定要给他足够的自由空间，要让他有自由支配自我的权利，可以做自己喜欢做的事，能够为自己的错误埋单，能够负起自己该负的责任。当孩子把该经历的都经历过之后，他才能真正长大。

不过，对孩子不包办代替，并不意味着撒手不管，有一些原则还是需要他遵守的。所以，如何才是真正的不包办代替，怎样才能让孩子感受到合理的自由，需要认真思考。

要有教孩子学做事的心思。

之所以包办代替，无非是觉得孩子不会做、不能做、做不到、做不好的事情太多。可是为什么非要从这个角度去思考呢？换个角度，他不会，那就教他学会，自己会做了，自然就没问题了。

而且孩子是在不断成长的，可以说每时每刻，他都会"解锁"一些新技能，他的学习能力是无穷的，想要学习的欲望也是无穷的。所以，我们时刻要有教他学做事的心思，随着孩子的成长，在不同的年龄段里，顺应他的能力发展，在他能力可及的范围之内，教他做足够多的事，并给他充足的练习时间，让他最终做到熟而成习惯。

不妨让自己"懒"一点。

一些妈妈总是很"勤快"，觉得孩子手慢、手笨，就上手帮一帮，一方面加快做事速度，另一方面也避免了孩子出现错误或问题。但不知道你有没有注意到，孩子有时候会躲开你的手，因为他在自我尝试与探索。可是有的妈妈却偏偏不在意，还用大道理说"小孩子做不好"。殊不知，久而久之，孩子就会习惯"小孩子就是做不好"这个事实，并由此变得懒惰起来。

所以，妈妈适当"懒"一些，孩子能自己做的事情，就放手让他做，慢一点无所谓，多练习几次就熟练了；做错了也没什么，再教一遍，让他继续练习，总有会的时候。妈妈越"懒"，孩子才会越勤快，并对"自己的事情自己做"有更深刻的认同感。

给予孩子有原则的帮助。

虽然不包办代替，但孩子有时候也需要我们给他一些帮助，毕竟他做得并不算完美，而他同时又很想做到完美，所以，给他有原则的帮助，会让他的表现越来越好。

当孩子来求助时，不要给予全套的帮助，给他一个努力的方向，鼓励他自己解决最好。举个简单的例子，上小学的孩子来询问学习上的问题，直接告诉他答案并不妥当，引导他去翻一翻工具书，查一查资料，让他自己找到答案，不仅能让孩子找到这个问题的答案，同时也得到了解决这一类问题的方法。

我想让内心变丰盈

——重视培养孩子的孝心、仁爱心、感恩心

爱孩子，是一种源于我们自身的主动行为，同时我们也希望自己的付出可以有回报，妈妈爱孩子，那么孩子最起码也应该爱妈妈。然而，很多妈妈却对此感到很失望，对孩子付出了那么多，孩子非但没有回报，甚至连最起码的尊重、感恩都没有。

一位妈妈讲了这样一件伤心事：

带着6岁的女儿出去玩，结果忘记了买水。天气有些干，走了一段路我觉得很渴，就打开给女儿带的水壶，喝了两口先润润嗓子，想等着一会儿看到超市再买水。哪知道女儿看到我喝了她水壶里的水，脸色立刻不好了，她跑过来夺下我手里的水壶，很不高兴地说："你怎么能喝我的水呢？"

我说："我累了，也很渴，先喝两口你的水，一会儿我再买。"

可她却说："这是我的！你赔我吧，赔我水壶里的水！你累了，我又不累，我还要玩呢！"

看着她横眉立目的样子，我都惊呆了。一路出来玩，我背着包和她的水壶，让她尽情跑跳，包里全是她爱吃的东西，我还给她买了她想要的风车，怎么到头来我就喝她两口水还喝出埋怨来了？

孩子为什么发脾气？因为她内心狭窄得只有自己，自私自利、毫无爱心，一旦自己的利益受损，她自然是不愉快的。这样的情景的确让人寒心，我们应该让孩子的内心变得丰盈起来，重视培养他做人的最基本的德行，即孝心、仁爱心、感恩心。

培养孩子的孝心。

孝心为做人之根本，培养孩子的孝心应当越早越好。

孝心培养并不需要多么复杂，首先我们自己就要有良好的孝道表现，榜样作用会给孩子带来潜移默化的影响，模仿的天性也会促使他有样学样，这其实就是家风的传承。

身教的同时，也要立好规矩，把孝心列进家庭制度之中，提醒孩子每天都要遵守这些孝心制度。比如，牢记"长幼有序"的道理，说话语带尊敬，吃饭走路长为先，经常帮长辈做事，等等。

有了身教，有了规矩，还要给孩子表现孝心的机会，我们要欣然接受并配合他。如果孩子发觉他做表现孝道的事情时，家里的长辈是开心的、欣慰的，并乐于接受的，他也会更愿意在日后继续表现。

培养孩子的仁爱心。

童蒙经典《三字经》上说："人之初，性本善。性相近，习相远。"

孩子最开始都有善的本性，若是日后注重了对他仁爱心的培养，他自然会将最初的善性保留并好好发扬，否则孩子终将变得自私自利起来。

曾经有人讲过一个事例：一个上初中的孩子，从孕妇背后猛地推了她一下，只为了看看电视里说的"推倒孕妇会流产"是不是真的。可见，缺乏仁爱心的孩子做事也会"不计后果""不择手段"，于人于己都将变成隐患。

对孩子仁爱心的培养也一样可以通过榜样作用来引导，平时我们应该有意识地给孩子展现这样的表现，比如，关注他人，对他人表现出尊重与体谅，乐于助人，有同理心，与周围人和睦相处，欣赏赞美他人，可以体谅他人疾苦，等等。同时也积极肯定他好的行为，还可以多介绍这方面的新闻、故事，引导他意识到仁爱是社会发展的主流。

培养孩子的感恩心。

懂得感恩，孩子才能逐渐拥有健全的人格与健康的心灵。

要重视培养孩子的感恩心，有意识地引导孩子懂得感恩祖国的护佑、感恩父母的养育、感恩老师的辛勤教导、感恩同学的帮助、感恩对他好的人、感恩自然万物与生活际遇等。具体来说，给孩子创造一个经常感恩的环境，不论在家在外，只要接受了帮助，都要及时说"谢谢"；遇到特殊的节日或日子，鼓励他对长辈、老师多表达感恩之情……从而让孩子养成一个感恩的好习惯。

同时，也要给孩子一个独立的成长空间，让他能亲身体会生活中的种种艰辛，从而意识到很多事都需要自己付出努力才会有回报。自立的孩子才不会觉得他人的付出是天经地义的。

另外，我们也最好"计较"一下孩子的付出，没有先给父母品尝，没有记住父母的要求，都可以和孩子"说道说道"。但要注意语气语调、表情动作等，不要让孩子感觉到我们所谓的权威与高高在上，而要让孩子意识到父母并非一无所求地为他付出，更不是无条件地任由他索取，让他有所反思，有所行动，有所改变。总之，一切都是为了让孩子成长为拥有一颗感恩之心的人。

第六章
规矩和管教

——说"不"，为孩子耍性子、发脾气划边界

很多孩子仗着妈妈的宠爱，会习惯性地表现出任性霸道的一面，随意耍性子、发脾气。孩子一路成长，需要爱，需要温暖，但更需要规矩和管教。规矩和管教为孩子划定了言谈举止的边界，时刻提醒他什么不可以做，什么可以做，可以做到什么样的程度，最大限度避免他的为所欲为。

孩子在公共场合大哭大闹，怎么办？

——放下面子，平心静气地教育孩子

可能所有的妈妈都会经历这样一种情况：

带着孩子出门，走入一个公共场所，原本以为带着他接触更多的人、观看更多的景，但不知道什么时候你说的哪一句话、做的哪一件事惹到了他，或者他因为需求没有被满足、饥饿、困倦、疲劳、疼痛等产生了不舒服的感觉，接着就会用大哭大闹来表达内心的不满或反馈自己的不舒服。

这种时候，我们肯定想快一点让孩子平静下来，至少不再那么大声地哭闹不止，于是我们可能以大声训斥来阻止他，也可能以干脆满足他的任何无理需求来让他不再哭闹。但是不管是哪一种，最终我们都无法平静，大声训斥会让孩子的哭闹更为厉害，满足无理需求又让我们感觉不安心。

那么，孩子在公共场合大哭大闹就真是没有办法解决的事吗？当然不是。我们要做的就是放下面子，平心静气地教育孩子，带着他一起走出这种糟糕的情境。

当孩子哭闹起来的时候，你要忍耐并保持沉默。

看到孩子哭闹，很多妈妈往往比孩子还着急，会急着吼他："闭嘴！别哭了！"但这种吼叫并不奏效，孩子的哭闹反而会越发厉害。

所以，你不如反其道而行之，他哭闹起来，你就不再开口，坚持不说话，不给予他回应，即便他问各种问题，也不去回复他。要学着忽略他的这种行为，不去过多在意，他就能意识到"哭闹并不能引起妈妈的关注"，从而自己就不再这么做了。

忽略掉他人的各种反应。

孩子的哭闹声会引来周围的目光，连带着我们也就跟着接受一波又一波的"目光洗礼"。这是很考验心理的一个场景，脸皮薄的妈妈往往都会下意识地去做些什么，或训斥、拉扯孩子，或不停地安慰孩子，以展现自己并不是对孩子的哭闹无动于衷。

但实际上，周围人的目光恰恰会让我们不能保持冷静地去忽略孩子的哭闹，所以，你需要忽略掉这些，不去在意，要么保持沉默不去理会，要么带着孩子去一个人少的或者没人的角落，远离周围人的视线。后一种做法一方面可以让你一路冷静下来，另一方面也可以避免孩子因为有了他人的关注而哭闹得更为厉害。

提前跟孩子"约法三章"。

孩子出门会哭闹，这个事件的发生概率相当高，那么我们就不妨在出门前与孩子"约法三章"，比如提醒他，"去超市我们只是去买家里所有人要用的东西，而不是买玩具，所以不能因为没有买玩具而哭闹，如果哭闹，今天就不讲故事"，或者提醒他，"我答应给你买玩具，但是仅限一件，挑好之后就不能再要其他的了"……孩子一般都会记住这些内容，如果他哭闹起来，就要冷静地和他强调这个约定。

转移孩子的注意力。

出门前，带上孩子喜欢吃的、喜欢玩的、喜欢看的，允许他拿着自己最喜欢的某个小东西，以吸引或转移他的注意力。如果没带也没关系，带着孩子去看其他有意思的东西，引导他发现别的好玩的事物，让他不再集中精力去关注最初的情况，多数孩子也就不再哭闹了。

当然我们也要判断孩子的情况，比如有的孩子本身就讨厌这种嘈杂喧闹的环境，不管你怎么转移，这个环境都没有发生改变，那么他依然会哭闹不止；有的孩子是饿了、累了、困了，只有他的这些基本需求得到满足，他才可能安静下来。

所以，我们也要做一个能细心观察、对孩子有透彻了解的妈妈，再保证自己的平心静气，这样才能轻松应对孩子的各种哭闹情况。

凭什么给我定规矩?

——给孩子定规矩，孩子为什么会如此抵触?

　　成为妈妈之后，你可能对自己的权威身份会有一个相当清晰的认知，认为孩子就应该听命于自己，于是便完全按照自己的想法，给孩子定下一个又一个规矩，给他的生活套上一个又一个束缚，安上一个又一个枷锁。

　　但是随着成长，孩子开始有自己的思想，对事物有自己的看法，对于自己的成长过程也会有自己的认识。当他发现自己一路成长却需要被那么多条条框框约束时，他也会发出疑问："凭什么给我定规矩?""为什么我需要遵守这么多规矩?"

　　一旦心生这样的疑问，孩子就会对规矩产生抵触心理，只要有规矩约束他，他就想要反抗，感觉不舒服了就要耍性子、发脾气。

　　有的妈妈认为，这本身就是孩子不守规矩的表现，可能会强硬地要求他必须遵守。但是这样一来，孩子并不会心甘情愿接受这些规矩，妈妈的约束对他依然是没有意义的。所以，若想要让孩子守规矩，就要从孩子的心理出发，先了解他抵触规矩的具体原因，然后再对症处理。

"没有和我商量，规矩便从天而降，我觉得很不适应"。

过得好好的自由生活，忽然有一天一纸规矩飘落眼前，很多事情都不能随意地去做了，自由惯了的孩子当然会不适应。

给孩子定规矩之前，是一定要和他商量的，让他参与进来。要定什么样的规矩，这个规矩是做什么用的，可能会给孩子带来怎样的影响，规矩中有怎样的奖罚措施等，都要对孩子讲清楚。当孩子有了一定的知情权与掌控权，他也就不会那么排斥规矩的存在了。

"妈妈，我不是神童也不是天才，更不是机器人，做不到那么优秀精准"。

孩子会抵触高标准、严要求的规矩，因为这会让他不停地仰着头看或必须不断向前奔跑。由于这个目标并非一下子就能实现，所以对于年纪小一些的孩子来说，这样的规矩最能让他感到无比失落——因为无法实现，却又不得不遵守，这样的感觉真是太纠结了。

对孩子有期待是好事，但不能把期待构建得太高。了解孩子真实的能力，尊重他的个人成长速度，不以他人的标准为标准，不强调优秀，只强调进步，这样，孩子会更愿意接纳规矩。

"妈妈一生气就给我定规矩，这规矩定得可真随意"。

妈妈根据自己的情绪变化来给孩子定不同的规矩，孩子自然会认为，所谓的规矩，无非就是妈妈用来惩罚的另一种手段，只要自己好好表现，那规矩也就形同虚设了。

规矩只要是定下就如板上钉钉，所以要尊重以往已经定好的规矩，对孩子的约束，也要从这些已有的规矩出发，多分析孩子行为的根本原因，不能看见什么就训斥什么。同时，也要掌握孩子成长的进度，在不同的年龄阶段给予他不同程度或者不同角度的约束，以保证规矩的长久有效性。

而我们自己，也要好好控制自己的情绪，不能一看到孩子犯错就用规矩吓唬他，否则规矩的效用会大大降低，即便是已有的规矩，在孩子眼中也会变成废弃条例，可以完全置之不理。

"为什么这规矩约束的只有我？你们呢？"

孩子一开始对规矩可能是能够接纳的，但是很快他会意识到，这个规矩似乎只对他自己有效，家里其他人并不会被规矩所约束。一个简单的例子，孩子被要求晚上9点之前必须上床睡觉，但家里其他的成年人却可以完全自我支配晚上的时间，哪怕整宿不睡都不会有什么惩罚，这会让孩子感觉到非常不公平。

规矩定出来应该是用以约束全家的，也就是用以正家风，而非只针对孩子的言行束缚。还用睡觉这个规矩来说，孩子被要求9点之前睡觉，我们也可以给自己规定一个睡觉时间，但同时也要和孩子解释清楚，成年人之所以会晚睡，是因为有很多其他的事要做，"今日事今日毕"之后，才能睡觉。孩子能够理解这个道理，也知道我们也是有睡觉的规矩的，这样他就不会再在这个问题上纠结了。

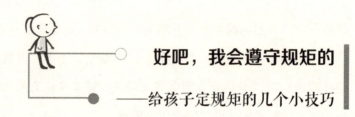

好吧，我会遵守规矩的

——给孩子定规矩的几个小技巧

虽然前面我们意识到了孩子抵触规矩的几点原因，但是不管是制定规矩还是执行规矩，都还会有各种各样的情况出现。

想要让孩子好好遵守规矩，除了了解孩子抵触的原因，安抚孩子的情绪，我们在怎么定规矩这方面也要下足功夫，也就是在定规矩的时候要掌握好一些小技巧，让这些规矩能为孩子所接受。

技巧一：面对面与孩子说话。

定规矩不是写秘密日记，既然是要让孩子参与进来的，就要与他面对面进行沟通，提醒他我们要定规矩了，认真而直接地告诉他我们的规矩是做什么用的、对他有怎样的约束。就如前面一节所提到的，也要允许他参与到规矩制定的过程中来，让他对规矩有一个更全面的了解。

技巧二：规矩中要赏罚分明。

做一件事，一定会有一个后果，要么是好的结果，要么是坏的结果。孩子对规矩的执行也是如此，要么是好好按照规矩来，要么是违背了规矩，我们应该对这样的不同后果给予不同的处理，让孩子知道规矩并非一句简单的话，而是对他有深刻影响的。

技巧三：把冷静时间写进规矩里。

孩子总会在某些时候越闹越凶，比如他想要吸引妈妈的注意，想要实现自己的要求，想要否定某个不愿意接纳的事实，想要表达某种非常强烈的渴望等，这时候的孩子会表现得不可理喻，对应哪一条规矩可能都不合适。那么我们就不妨把冷静时间写进规矩之中，要求"不管是谁，如果情绪激动了，就要先自己冷静几分钟，然后再说事情"，这是一个非常有效的约束内容，不只是约束了孩子的情绪爆发，同时对我们自己的情绪也是一种有效的控制。

技巧四：把某些规矩列成任务清单。

很多孩子都喜欢玩闯关的游戏，一个又一个小任务连下来，他的成就感就会不断累积。某些规矩也可以定成这个样子，给孩子列一个任务清单，让孩子接受一系列的小挑战，在一系列的成功过程中，自觉地去前行，并越来越接近最终的目标。这种列清单的定规矩方式，对孩子的自觉力也是一种很好的培养。

技巧五：多种花样定规矩。

定规矩是一件需要严肃对待的事情，但并不意味着将规矩定得一点人情味都没有，否则孩子并不愿意整日面对这冷冰冰而又严苛的规矩，他会更想要逃离。其实规矩也可以定得很有花样，比如你可以把之前琐碎的小规矩合并起来，总合成一个大规矩，这会让孩子感觉规矩变得简单清爽了；根据规矩的调整，适当调整奖励的程度，让孩子更有努力的动力，或者改变奖励的方式、内容，让孩子对好好表现产生不一样的主动性。

技巧六：临时规矩也是有效力的。

就如前面提到的，孩子在外大哭大闹，为了避免这种情况，这时我们可能会给他一个出门前的"约法三章"，这就是临时规矩。类似的临时规矩也同样是有效力的，我们也要认真对待，期望值同样应该是合理的，要订立出奖惩规则，提前提醒孩子正确的做法，并且只警告一次。最重要的是，我们也要严格执行这个规矩，不要"看情况行事"，否则孩子会对这种临时规矩不再在意。

技巧七：先多提醒，再执行。

正因为规矩的约束性，所以孩子才对于规矩有一种下意识的抵触，尤其是年龄小一些的孩子，并不愿意约束自我。所以在执行规矩之前，我们要有足够的提醒，让孩子意识到这个规矩是有用的，是有意义的，他不能无视它，而应该认真对待。

技巧八：规矩要切实可行。

规矩不是一堆废话，孩子要能知道自己应该怎么做、不能怎么做，所以我们对规矩的描述就要更具有可执行性，孩子对规矩一目了然，更对奖惩规则一目了然，这样对于孩子的表现我们也能有一个更为明确的对照。

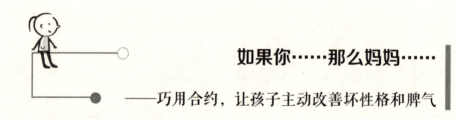

如果你……那么妈妈……

——巧用合约，让孩子主动改善坏性格和脾气

你是不是总是在孩子发了脾气后，才去采取措施来应对？你是不是总是对孩子的坏性格如临大敌，就等着他爆发？这其实意味着你是被动的。

你完全可以跟孩子提前订立合约，利用"如果你怎么做，那么我就会用怎样的方式来回应你"的方式，引导孩子主动去改善性格与脾气。

比如，孩子没有好习惯，书桌总是一团乱，写完作业后也记不得收拾，如果你每次都去提醒他"记得收拾书桌"，他并不一定能记住，反而会觉得你天天提醒真麻烦，一旦产生逆反心理，他会故意忽略收拾书桌这个规矩，或者想出各种理由来逃避，并狡辩，着急了还会对着你喊一句"你烦死了"。这时，就不妨采取合约的方式，提醒孩子，"如果你每次都能自己主动收拾书桌，我会非常开心，也会更愿意给你准备好吃的"，当然这只是一种示范，你可以动用自己的智慧，想到更好的合约内容，以激发孩子的主动性。

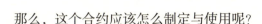

那么，这个合约应该怎么制定与使用呢？

合约应该有清晰的目标与后果。

你与孩子制定的合约，一定要有清晰的目标与后果。即你希望孩子能有怎样的表现、希望他做到怎样的事情、希望他实现怎样的效果，都要清楚讲出来，而且这个目标一定是要让孩子能通过自己的努力做到的，而非空中楼阁。同时，你也要告诉孩子，如果他实现了目标或不能实现目标，那么你将会给予他怎样的回应，不管是正向的还是负向的，你的回应也应该清晰明了，这将能让孩子自己去主动联想他的行为与后果，从而做出更合适的选择。

斟酌使用正向或负向的合约后果。

正向合约的后果，就是"如果你表现好，我会很高兴，可以满足你的愿望"；负向合约的后果，则是"如果你不好好表现，我会很生气，可能会剥夺你的一些权利"。简单来说，就是奖励与惩罚的不同处理方式。

很多妈妈可能更习惯使用负向合约后果，但这在孩子听来更类似于惩罚或恐吓，也许最初他会听从，但时间久了，他就会觉得烦躁。而之所以会习惯选择负向合约，其实也是因为我们总是轻易就被孩子激怒，这种合约往往是在愤怒的情况下制定出来的。

所以，我们需要控制好自己的情绪，要学会平静应对孩子的各种情况。当我们情绪平静时，选择正向合约后果的可能性也会大大增加。而且，正向合约的后果都是能让孩子感到开心的，他可能也就更乐于接纳，并主动去表现。当然，我们也要注意不能把正向合约变成是没完没了的奖赏，最好是精神奖励，不要频繁使用金钱与物质奖励。

鼓励孩子坚持合约并全程关注他。

很多合约可能都是口头效应，说过去就算了，如果我们不去关注，孩子可能很快就忘记了，从而也就故态复萌了。所以我们要鼓励孩子坚持合约，并且全程关注他的表现，让他知道我们并不是说说就算了，提升他内心对这个合约的重视和对自身行为的自觉约束，从而使这个合约成为有效合约。

真正履行合约。

合约既然制定了，那么最终我们就要真的去履行。如果是奖赏，就实现奖赏，让孩子意识到好好表现是真的会得到肯定的；如果是惩罚，那就真的去惩罚，孩子忽略合约或者把妈妈的话当成耳旁风时，我们就要让他去体验这种自然惩罚，让他意识到合约是不容忽视的。

妈妈希望你养成受益一生的好习惯

——表达对孩子的期待与立场

　　总有妈妈说，孩子不能体会自己的用心良苦；也总有孩子抱怨，妈妈总是用无数的规矩来约束自己，让自己喘不过气来。显然，妈妈这样的表现出于内心对孩子毫无保留的爱，但是这份爱太过笼统了，妈妈的表达让孩子抓不住重点，所以他才觉得自己总是处在约束之中，感觉并不自由。

　　我们在管教孩子时使用规矩，其核心目的，无非就是希望他能养成受益一生的好习惯，那么我们不妨就更直接一些，让孩子明白我们对他有怎样的期待，让他明白我们是处在一个怎样的立场来爱他。只有当他明了我们的爱，他才能信任这些规矩，并欣然接受。

　　具体怎么办呢？不妨试着这样来做：

告诉孩子定规矩的意义。

　　为什么要定这样一些规矩，它们将会对孩子产生怎样的影响，会让孩子得到怎样的收获，能够给孩子的生活带来怎样的改变……关于定规矩的这些内容，都要和孩子说明白。

有的妈妈会认为，妈妈说的话当然是有用的，何必要给孩子解释那么多？这是因为孩子作为一个独立的个体，会对自己所做的事有自己的思考，如果他觉得做某件事很无聊，看不到有什么目的，他可能会放弃。而一旦孩子明了定规矩的意义，真正了解妈妈的用心良苦，他会乐意去改变。

设定合理的期望值。

在定规矩方面，期望值的合理性非常重要，这关系到孩子是不是愿意接纳规矩，是不是愿意去遵守规矩。规矩的合理性包括这几个方面：

符合孩子的个性——文静有耐性的孩子适合较为长久的规矩，活泼好动的孩子显然更适合短平快的规矩；对心思细腻的孩子，可以把规矩定得更委婉细致一些，但对直来直去的孩子就可以用一些一眼明了的规矩来进行约束。可见，孩子个性不同，规矩的类型也应该有所不同。

符合孩子的年龄——给6岁前的孩子定规矩，规矩应该简单、易懂、易操作，且要时常提醒；给上小学以后的孩子定规矩，应更加尊重他的独立性，在规矩的内容方面，也应该更符合他当下的需求，做到因人而异。

符合孩子的能力——每个孩子都有自己的实力水准，超过太多便会让他产生可望而不可即的失落感，如果非常轻易就实现又不能起到足够的约束作用，所以要斟酌好这个度，不妨以"跳一跳能达到"为标准来设定。

避免把希望变成强迫。

很多妈妈在定规矩这件事上有点迫不及待，会频繁地把自己的希望挂在嘴边，并且不愿意看到孩子出一点错误，甚至巴不得一天 24 小时全天候盯人，不停地提醒他，让他记住自己应该怎么表现。

但事实上，孩子对这样的状态会感觉很烦躁，哪怕是三四岁的孩子，原本就所知甚少，如果你频繁提醒他，他也会说"妈妈你别说了"。孩子都喜欢自己掌控一切的感觉，如果你已经定好了规矩，除了必要的提醒之外，就不要总是强迫他。你的规矩已经很好地表达了你的期待，就不要再依靠重复去彰显规矩的重要性了。只要保证规矩是没有原则问题的，孩子自然能理解我们对他的心意。

做个立场坚定的妈妈。

坚定地爱孩子，与坚定地去执行合理的规矩，有时候并不能画等号。有的妈妈正因为能坚定地爱孩子，所以会恻隐之心爆棚，从而擅自更改某些规矩，导致孩子对规矩也产生了不信任、不重视的心态。

所以定规矩前要深思熟虑，适当征求孩子的意见，邀请他参与进来，但又不能完全按照他的意见来，毕竟孩子有惰性，也不想被约束。因此，大主意还是需要妈妈拿定。而一旦规矩定好了，我们也要多从孩子的角度去考虑，既然要让他养成好习惯，就要放开手让他去经历习惯养成的过程，这过程可能的确不那么容易，孩子会懈怠、会感觉疲惫、会想要放弃，但这是他必然要经历的过程。所以，作为妈妈，要理智地爱孩子，而非溺爱。

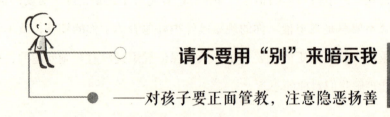

请不要用"别"来暗示我

——对孩子要正面管教，注意隐恶扬善

随着孩子的成长，很多妈妈变身成为时刻解决问题的万能管家，为孩子的错误、问题不时皱起眉头，实在忍不住就去训斥一番，并不断地用"不要""别""不能"这样的否定式话语。孩子不停接受一个又一个警告的同时，还会使用吓唬式的内容，提醒他"如果你不好好表现，你就会变成坏孩子""如果你不……妈妈就不喜欢（不要）你了"……

语言都是有魔力的，那些被反复强调的东西，会在孩子内心留下非常深刻的印记，如果总是提醒孩子"别这样""不要那样"，孩子就会记住被否定的内容，可能偏偏就变成了我们最不想看见的样子。

解决这个问题的办法很简单，就是对孩子要采取正面管教，隐恶扬善，用善来占据他头脑的空间，从而改变他关注事物的角度。

要实现正面管教，可以试着从这样两个方面来努力：

保持积极乐观的思维模式。

积极乐观的思维模式，会促使我们更多地去发现事物好的一面，从而躲开对坏的一面的担忧。比如，天气寒冷，人就容易感冒，如果我们总是担忧"天这么冷，孩子要是感冒了怎么办"，那么我们就会对孩子有一种"负面期待"，也就是孩子真感冒了，我们才放心，因为期待落实了；但相反地，如果我们有一种"虽然天冷，但孩子身体壮实，不会轻易生病"的想法，就会以更乐观的态度来看待孩子的身体状态，会以正常的态度来给他增加衣物，并通过锻炼、合理饮食来增强他的身体素质，从而使他真正壮实起来。

而对于孩子来说，那种"负面偏好"在他身上其实会体现得更加明显。所谓"负面偏好"，是一种心理学现象，就是人会对负面的事情印象更为深刻。举一个简单的例子，你提醒孩子"别把粥洒了"，但要不了多久，他一定会把粥洒出来，这就是一种潜意识对行为的影响。

所以，你的积极乐观的思维会引发自己积极乐观的语言内容，用这种正面向上的语言内容去影响孩子，就会给他带来自信心，他的发挥也会更好。还用上面的例子，如果你告诉孩子"哦，你这粥碗拿得真稳啊，很不错，棒棒的"，那他就会拿得更稳，这是一种积极的期待。

有的妈妈会说了，我提醒孩子"别把粥洒了"，也是好意啊！好意只是你的一种内心感觉，但并不代表这样的提醒是正确的。教育孩子不是只有好意就够了，我们也要从孩子对教育的理解和接纳的层面多做思考。

第二个方面，有意识地多使用正面语言。

正面语言，是一种正向的表达，把一件事情以正常的发展描述出来，并引导指向好的结果。要有意识地多使用正面语言，尤其是对孩子的期望与要求，一定要正面表达出来，因为只有这样，才能让孩子感受到我们对他的信任，他才能放心地展示自己的能力，激发自己的潜能。

关于正面语言，还有一种情况需要注意，那就是有什么事就直接表达出来，不要非得正话反说。比如，你希望孩子赶紧洗手吃饭，那就好好说："把手洗干净，我们要开饭了！"而不是一张口就说："你看不见我把饭都做好了？还不过来等着请吗？"

如果妈妈总是用这样的语气说话，会让孩子感觉妈妈是不是在嫌弃自己，会让他始终生活在挑剔之中，孩子无法完全放松去做事。对于妈妈而言，看到孩子小心翼翼的样子，也会感到很不舒服，会认为孩子在疏远自己，认为他不自然。

究其根由，还是我们过多地使用了这种反向语言所带来的问题。若想孩子有好的表现，得从好的方向去期待，用正向表达来给予鼓励和支持，让孩子能放松下来，更愿意主动去表现，这样我们也能过得轻松一些。

第七章

及时进行心理疏导

——让暴脾气孩子变懂事的有效技巧

孩子耍性子、发脾气，有时候的确是因为其内心有心结，有时候则是因为他不懂得应该怎么去调节整理自己的情绪。作为成年人，我们不能被孩子的脾气、情绪牵着走，而应该成为一个冷静的智者，有技巧地及时疏导孩子的内心，让暴脾气的孩子也能变得懂事起来。

妈妈根本就不理解我，简直烦死了

——让正在气头上的孩子平静下来

不被人理解，尤其是不被原本应该很亲密的人理解，这是一种很糟糕的情绪。成年人如果有这样的经历，会感觉非常委屈，但是成年人会想办法通过解释在他人那里获得共鸣。而孩子，因为能力有限，显然做不到这一点。

有些孩子被情绪所困扰，脾气一上来，他几乎会不管不顾，只顾着让自己的脾气都发泄出去，年龄小的孩子会哭闹不止，大一些的孩子可能还会大吼、扔东西，到了青春期的孩子，他一旦生起气来，你可能都无法想象他到底会做出什么事情来。

在怒火中的孩子，最需要的并不是你的安慰，也不需要你去教训，此时他最需要的只有一样东西，那就是理解。只有理解，才能让孩子感觉自己并不是孤军奋战，他会产生被接纳的感觉。

那么，怎样做才能快速地让正在气头上的孩子平静下来呢？

自始至终都要保持自己的平静。

孩子发脾气，本来就是一个很"闹人"的情境了，如果妈妈再那么容易就被孩子的情绪所牵引，也变得愤怒起来，那这个问题可就不那么容易解决了。有些妈妈愤怒之下会训斥孩子，而本来就在气头上的孩子会瞬间觉得"妈妈一点也不理解我"，彼此真是"两看两相厌"，气氛紧张不说，亲子关系也将受到负面影响。

所以最好的做法就是以平静应不平静，妈妈的平静应对，会让孩子觉得自己一个人折腾很没意思。这的确是一个非常神奇的氛围，只要妈妈平静着，孩子多半闹一会儿就安静下来了。

合理认同孩子当前的情绪与行为。

不管孩子是因为什么而闹情绪，至少他在当前的情况下是感到不舒服的，孩子会因为不舒服而表现不佳，我们应该理解这一点。

对孩子的合理化认同，意味着要让孩子明白我们对他的接纳。这种接纳是放下我们自己的价值判断，走进孩子的内心，给予孩子关注、尊重和理解。我们可以平静地倾听，通过点头示意，允许他说出自己的感受。这时没必要去和孩子争什么对与错，先理解他不愉快的感受，比对错更重要。

可以使用镇静活动帮孩子平静。

为了让孩子平静下来，我们还可以使用一些"镇静活动"。比如，教孩子控制自己的呼吸，让他一边数数一边深呼吸，帮助他形成自我意识；教孩子用其他事情转移注意力，待到平静之后再去处理之前的问题；等等。

也可以在事后进行一些提问，让孩子发现发脾气并不能帮他解决问题，告诉他现实是无法改变的，已经发生的事情不能再去改变结果，只有坦然接受现实，并想办法去努力改变未来，他才能避免再次发脾气。

说到"镇静活动"，给孩子设立一个安全区，让他想发脾气的时候就去那里发泄一下，也是一个可行的办法。但是这个办法不能频繁使用，以免孩子养成习惯，一遇到情绪问题就要发泄。我们的目的是培养孩子学会理智控制自己的情绪，而非必须找地方发泄才行。

想要说的内容放在平静之后再说。

总有妈妈习惯在孩子耍性子、发脾气的时候去教育他，要么批评，要么提要求，还有时候会翻旧账，你以为孩子此时听得进去吗？完全不会，恰恰相反，他还会因为妈妈此时的咄咄逼人而变得更加暴躁，你以为自己是在平复孩子的情绪，可没准儿你这就是在火上浇油。

不管想要说什么，进行怎样的教育，都要等到孩子平静下来之后再说，平静意味着头脑可以继续进行思考，否则你的教育就只能是做无用功。

妈妈整天就知道对我说"不"

——不要培养跟自己"对着干"的孩子

孩子在做事的时候，都喜欢获得妈妈的肯定，他希望能从妈妈口中听到"好的""去吧""可以""不错"这样的话，会非常讨厌听到"不行""不可以""我不同意"这样的回应。如果妈妈对于孩子的很多行为都只会用"不"来回应，孩子也会因为厌倦、烦躁而变得抵抗性更强，会在妈妈说"不"的时候反抗一下，看有没有可能扭转妈妈的初衷，久而久之，他也就习惯于和妈妈"对着干"了。

所以，由此来看，当孩子变得不那么好应付的时候，当他对于我们出口的"不"开始不断反抗的时候，我们就要意识到，孩子已经养成了这样一种"对着干"的习惯，而这个习惯却是我们不当的应对培养出来的。

比如，3岁的孩子想要自己洗袜子，说了好几次，但每次你都回应他"不行，你还小，不能洗"，那么在某天你可能就会看到，孩子似乎不再找你来要认同了，他干脆直接上手，只不过是在你不知道的情况下，偷偷地开了水龙头，拿着肥皂，学着你的样子洗起了袜子。

有的妈妈看到这个场景，会非常生气，可能就会抱怨："明明说不能了，怎么还去自己洗呢？又洗不干净，还弄得到处都是水，身上也都弄湿了，你怎么这么不听话呢！"

还比如，8岁的孩子想要学做饭，可是他一提起这件事，你就告诉他，"我不需要你给我做饭，你好好学习就够了，多学点知识，做饭是以后的事情"，结果孩子变得懒惰了，变得不再为此操心。日后有一天，你发现孩子总也不帮你做家务，便又说他，"也不帮帮妈妈"，他会动吗？不会，你说破天他也依然不会动，于是在你眼中，这就又成了一种另类的"对着干"。

再设想一下，青春期的孩子，你如果一直用"不"来对待他，那么你终将应对这样一种场景：孩子将什么都不告诉你，瞒着你做各种事情，哪怕被你发现了，他可能也拒绝与你分享他的秘密。

说到底，还是我们不了解孩子的心理，对他限定过多，这才导致了物极必反，被憋得狠了，孩子选择勇敢突破，以让自己获得满足。

再就是，妈妈说一套做一套，要求孩子去做的事自己却完全做不到，而且还有各种"充分"的理由，孩子完全不信服，所以对于妈妈的说教根本不屑一顾，这也在很大程度上导致了孩子出现各种"对着干"的行为。

显然，类似这些情况并不是不可逆转的，那么我们就应该努力培养与自己协作的孩子，自身也要做出改变，给孩子做好示范。

该放手时就放手。

出于一种保护和爱的心理，有的妈妈会不自觉地限制孩子的种种行为，而总是得不到尝试的机会，总是不能自由行动的孩子，不仅会变得懒惰，更会有各种厌烦的感觉出现。

想要让孩子成长，该放手时就要放手，做不好没什么，多做几次就是了；做错了没什么，下次改正就是了；感觉有危险，就给予他相应的保护……孩子只有有足够的经历，才能真正成长，如果总是被拦着，错过成长的最佳时机，到最后终究会吃苦。

把拒绝变成教授。

放开手，不意味着什么都不管，还要有教孩子学会做事的心思。举个例子，你会让3岁的孩子拿菜刀切菜、用炉火煮饭吗？多数妈妈可能都会拒绝，认为"孩子太小，怎么会做那些事"，但事实却是，的确有妈妈在孩子3岁时就教他切菜做饭，教他动火用电，让他成为三餐大厨，而孩子也做得非常好，从来没有出过危险。这其中是什么原因？就是妈妈教得好，安全事项、动手技巧、适合的工具……你只要肯教，只要教得合理正确，拥有强大学习能力的孩子，会让你看到更多的奇迹。

了解孩子到底渴求什么。

在一段时间里，如果孩子反复向你提及一件事，比如前面提到的洗袜子、做饭，那可能就意味着他并不是只想玩一玩，他是真的想要做这件事，这是他成长的渴望，我们不能只因为自己觉得他会弄脏、弄湿、弄不好就拒绝他。

所以，当孩子要求做某件事时，一定要认真对待，仔细衡量他的能力（适度超出他实际能力的也可以尝试，因为不经历学习，就不能有进步与成长），在保证安全的前提下，给孩子动手的机会，满足他的心愿。

妈妈不是我，怎么会懂我？

——共情同理，站在孩子的角度看待问题

惠子曰："子非鱼，安知鱼之乐？"

庄子曰："子非我，安知我不知鱼之乐？"

的确，在现实生活中，几乎没有人能全面了解他人，也很难有人能全部看透、猜透他人的所有想法。

有一句话叫"你妈觉得你冷"，从妈妈的角度来看，这是妈妈对孩子的爱护，但从孩子的角度来看就完全不一样了。很多孩子，甚至是成年人，可能都会哭笑不得地回一句"你又不是我，怎么知道我冷不冷"。

尽管这个"你非他人，便不要替他人决定"的道理通俗易懂，可真到了实际生活中，很多人这种"我就是知道你"的认知却根深蒂固。

一位妈妈就讲了这样一件小事：

　　我给女儿买了一盒糖，姥姥那天因为吃药觉得苦，就从盒里拿了一颗放进了嘴里。

　　女儿看了一眼，刚开口说："姥姥……"

　　姥姥就立刻打断了她的话，摆着手说："我就吃这一颗，不多吃，回头我再给你买。"

　　可是女儿却摇摇头，很平静地说："姥姥，我想说的是，我以后长大了给你买好多好多糖吃，你就不用可怜地吃别人的了，你自己也会有很多糖的。"

　　妈妈总是擅自猜测孩子的想法，认为孩子就是如自己所想，可实际上，妈妈猜对的时候并不多，猜错的时候反倒十有八九。发生在孩子身上的事情，妈妈不能那么轻易地就凭借自己的感觉来判断，而应该共情同理，站在孩子的角度上，以他的角度来看待事情，才能理解他行为的初衷。

　　之所以要这样说，是因为孩子本身就是一个独立的个体，他在很多时候都会以我们意想不到的方式来行事，这正是他独立性的最好体现。而作为成年人，我们已经具备了很多做事情的习惯，认为某些事情就应该以一种怎样的方式来发展下去，我们用成年人的思路、成年人看世界的方式来理解孩子的行为，而我们自己又以成熟自居，自然不肯屈尊变小，这也就使我们与孩子之间不可避免地出现代沟与矛盾。

　　所以，以孩子的视角来看待他的行为，是缓解孩子情绪的一种很有效的方法。可以尝试以下几条建议：

放下自我。

有的妈妈会有一种感觉，心里知道孩子的感受和想法，但是却依然做不到理解孩子。这其实就是依然将自我摆在内心第一位的缘故。

如果想要共情同理，首先要做的就是放下自我，遇到事情的时候，不要先想"我是怎么思考的"，而要放下架子，去想象孩子的内心世界，顺着他的思路去思考。就如给杯子倒水，先把杯子里原有的水倒出去，新水自然也就装得进去了。

感同身受。

同理心最重要的表现就是感同身受，把自己放在孩子的位置，用孩子的视角去看待问题，用他的思维方式去思考，多用"如果我是孩子"的方式，或者回忆自己在孩子这个年龄时所遇到的一些问题，能让你更好地理解孩子当下的情绪与行为。

平等互换。

很多妈妈觉得，孩子应该体谅我，但是如果孩子也这样说的话，妈妈就又会说了，"你一个小孩子，还需要我去体谅吗"。这就是一种不平等的相处。如果你希望孩子能体谅你的辛劳，那么你就要主动去体谅他的种种情绪。而且，与孩子相处时，妈妈应该是先主动的那一方，主动表现出对孩子的理解，让孩子感到妈妈对他的体谅，他也将能有样学样。

身教榜样。

虽然是培养妈妈的同理心，但这也不失为对孩子开展同理心教育的好时机。每当我们自己要做出消极的评价或忍不住抱怨他人时，就不妨停下来想一想，为了孩子，我们也完全可以放下这些评价或抱怨。如果总是忍不住去抱怨他人，内心就会形成习惯，遇到事情就忍不住去找他人的错，遇到孩子的问题也将永远只看到孩子的错，并不会有站在他的角度去思考的想法。这种为了教育孩子而将自身成长为榜样的做法，其实教育的是自己和孩子两个人，实在是一件非常正确且可行的大好事，所以不要错过。

警惕，孩子的安全感在缺失！
——给足孩子安全感，缓释他的不安情绪

人本主义心理学家马斯洛曾经提出过一个心理健康的标准，第一条就是"有充分的安全感"。而在他的需求层次理论中，他又将人类需求从低到高像阶梯一样分为五种层次，分别是生理需求、安全需求、社交需求、尊重需求和自我实现需求。在马斯洛看来，生理需求和安全需求被定义为低层次的需求，其他三种需求为高层次的需求。当一个人的生理需求也就是吃喝拉撒睡被大部分满足之后，安全需求就成为首要甚至是最重要的一种需求。人会遵循本能地去寻求环境的安全与稳定，如果得不到这种安全感，他就会变得焦虑、恐惧。

的确，拥有较强安全感的人，一般会具有较高的接纳度与自我认同。相反，缺乏安全感的人，往往都隐藏有强烈的自卑与敌对情绪，会在某些情况下失控，内心也会泛起较大的冲突。所以在马斯洛看来，安全感是决定心理健康最重要的因素。在他眼里，心理健康与安全感就是一对同义词。

孩子对于安全感的需求会更为强烈，表现得也更加直接，而他安全感的直接来源就是父母。当孩子在父母这里感受到足够的安全感时，他对待生活就应该是一种积极向上的态度，会乐于探索，乐于与周围的人和事物接触。而如果一个孩子总是脾气暴躁，看上去很不安，很轻易地就能被挑起情绪，或者说他对周围的人或事物心存警惕，那么这个孩子多半没有很好的安全感。

对于孩子来说，只有常和父母，尤其是和妈妈在一起，身处一个有爱的环境中，他才会感受到爱。如果父母不在身边，或者总是吵架不断，不能耐心地陪伴孩子，尽管从大脑和理性的层面上来说，孩子都很愿意相信父母是爱他的，可是从内心感受来看，他会有一种被抛弃、被否定的感觉，会觉得自己不够好，安全感自然也就会降低。

可见，从某种程度上来讲，若想让孩子有一个好脾气，我们也要从他是否获得了足够的安全感这项内容来着手考虑和培养。

首先是要保证足够的陪伴时间，增加与孩子一起活动的时间。除了多在家里陪伴，我们也要积极地去参与幼儿园的亲子活动、学校组织的家长活动，让孩子感受到你对他的关注，通过一起活动满足他与父母快乐相处的愿望。

其次也要为孩子提供一个融洽的家庭环境，多让孩子感受快乐一家人的氛围。尽量不在孩子面前争吵，如果不小心被孩子发现了，就要在事后对他解释，让他知道爸爸妈妈是相爱的，而非彼此仇视。尤其要注意，不能在孩子面前说对方的坏话，多在孩子内心建立对方良好的形象，平时多一些好言好语的相处，会让孩子感到安心。

再次，当孩子已经缺乏安全感了，妈妈也要多找找原因，并先允许他发泄自己的不安情绪，理解他难过的感受。如果是妈妈自己的原因，一定要和孩子解释清楚，一方面是解释原因，一方面则是告诉孩子妈妈即将做出的改变，以让孩子能安心。

最后，平时也要多和孩子沟通交流，遇到问题要多思考，多采取平静应对的方式，不要让孩子感觉在这个家庭中时刻需要小心谨慎。要用悉心教导和温暖呵护来培养孩子的安全感，而不要总想着强硬地约束他、命令他。只有放松下来，他才有安全感。

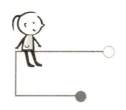

孩子，请跟焦虑说再见！

——引导孩子从焦虑中走出来

焦虑是人对某人或某事等过度担心而产生的一种烦躁情绪，也属于人类的一种基本情绪。一个人一旦陷入焦虑之中，他的身心就会出现问题。对于孩子来讲，如果身处焦虑中，他就会变得情绪暴躁。

最典型的一个例子就是幼儿期的分离焦虑，与妈妈的分开会让孩子异常难过，从而引发他情绪的大爆发。孩子一路成长，会因为各种原因而焦虑，恐惧、担忧、紧张、悲伤，都可能让他无暇顾及其他，"专心"于焦虑之中。显然，如果孩子不能从焦虑中走出来，那么他的内心就永远都紧绷着弦，稍有不顺心他就会感觉不舒服，进而爆发情绪。

马上就要期末考试了，孩子越发焦虑起来。复习的时候，妈妈忽然敲门，屋子里传出一声情绪不好的问话："干吗？"

妈妈说："给你洗了个苹果，你……"

"不吃！"孩子突然打断了妈妈："我不要！"

妈妈叹了口气说："你着什么急？我就是想让你……"

"别烦我！"孩子忽然高声喊道，随即门被一把拉开，孩子大声对妈妈说："别管我！我复习呢！"

妈妈也有些不高兴了："你这什么态度？谁让你之前不好好复习了？现在想起来着急了，冲我嚷有什么用？"

孩子更烦躁了："谁没好好复习了？"说完，也没等妈妈回应，使劲关上了房门。

妈妈也生气了，愤愤地念叨着离开了。

处在焦虑中的孩子，就是这么不讲道理，他会很直白地表现他的暴躁。而越是这时候，妈妈才越应该理智应对。像上面例子中的这位妈妈就是典型的火上浇油，孩子当然会立刻爆发。对于焦虑中的孩子，应引导他从焦虑中走出来，那么应该怎么做呢？

躲开雷区。

焦虑的孩子都有焦虑的原因，那些原因就是他的雷区，不要上赶着踩上去引爆，我们应该理解他的这种难过的感受。

就拿前面这个孩子来说，他本来就因为紧张考试而焦虑了，那就别在这上面去做文章，不管是训斥也好，安慰也罢，他此时并不愿意听这样的话，他只想自己安安静静地去做自己的事情。既然如此，躲开就好了，确定他没在做什么坏事，不会伤到自己，那就让他先独处一会儿。

不要否定。

否定孩子的感受并不能让他走出焦虑，反而让他更加焦虑。比如孩子怕黑，你却说"不怕不怕，你看妈妈都不怕"，孩子并不会从中感受到什么安慰，因为不怕的人是你，他没有获得任何帮助，感受还被否定了。

如果孩子焦虑，他表现出来了紧张、害怕、担忧等状态，你要理解他，哪怕那件事情在你看来再微不足道，但在孩子这里都是一件大事。理解他的情绪，是让他感觉自己有依靠的最好方法。

努力陪伴。

孩子感到焦虑的时候，你一定要和他在一起，先判断他因为什么而焦虑，然后再去决定陪伴的方式。如果孩子害怕、紧张、担忧，那么我们就可以给他温暖，引导他讲述自己的心情，讲述自己感到焦虑的内容，我们要倾听，理解他的情绪；如果孩子是那种恨不能谁也别理我的烦躁，那我们就不要计较他的这种状态，让他自己发泄一下，同时也可以告诉他"不管怎样，我会一直陪着你，有问题你可以来找我帮忙"。

允许自主。

有时候孩子并非没有自我调节的能力，尤其是一些大孩子，他们有更多的转换情绪的方式可以选择，如果他没有直接来寻求帮助，那么我们也要信任他。你可以了解事情的大概，假如他最终告诉你"你别管了"，那就让他自己去处理吧！他总会慢慢地平静下来，你也许会发现他能通过思考、寻求老师或同学的帮助，找到解决问题的方法。如果他能自己解决，你要肯定他的表现，这一点对于孩子来说很重要。

按需帮助。

不同原因的焦虑导致的情绪暴躁，需要的帮助是不同的。比如，因为害怕而来的焦虑，孩子更希望你能陪着他，要在你的鼓励与支持下，从一点点战胜恐惧，到最终自己勇敢面对；而因为紧张而来的焦虑，你就需要用自己的平静来感染他，或者教他用做深呼吸、听音乐等方式来缓解紧张；若是因为烦躁而来的焦虑，你需要提醒孩子"烦躁并不利于任何问题的解决"，你要帮助孩子认清事实，并教他怎样从已有的事实中寻找突破的契机。

生气啦？妈妈来想想办法

——探索并发现应对暴脾气孩子的有效方案

孩子脾气暴躁的时候，不同的妈妈有着不同的应对方法，强硬的妈妈可能会以暴制暴，试图用压制的方式来让孩子意识到"在妈妈面前发脾气是没有好果子吃的"；理智的妈妈可以跳出孩子的情绪波及范围，想各种办法来疏导孩子的情绪；冷漠的妈妈则比较极端，会干脆一甩手，任凭孩子闹得昏天黑地，她也完全不在意，直到孩子自己闹累了停下来。

归纳一下，针对孩子乱发脾气，会发现有三种方案可供参考：

第一种方案，强制解决，以各种手段强迫孩子丢掉暴脾气。

第二种方案，积极应对，以合作的方式引导孩子自己走出来。

第三种方案，无奈放弃，眼不见心不烦，孩子总有安静下来的时候。

第一种方案很考验妈妈的"能力"，想必很多妈妈都曾经这样做过，吼叫、责骂甚至是上巴掌，我们可能都用过，相当于靠着一股蛮力将孩子压制下来。孩子可能当时被压制住了情绪，但其内心世界却依旧翻腾不已，指不定在日后什么时候会再一次爆发。同时那个问题可能也依旧存在，甚至没有一点解决的迹象。

第二种方案显然是最考验妈妈能力的一种，它综合了妈妈的理性、智慧、能力等多个方面，需要妈妈综合运用各种巧妙的手段，让孩子快速地冷静下来并顺利地解决问题。

第三种方案也考验妈妈一种能力，那就是逃避的能力。试图用"不管了，你爱怎样就怎样"的想法来应对孩子暴躁的状态，也算是一种鸵鸟心理（逃避现实心理，也是一种不敢面对问题的懦弱行为）。

不管怎么比较，显然都是第二种方案最为有效。面对暴脾气的孩子，"你生气了吗？那我们来想个办法解决它吧"，这样一句话相当于给处在狂风暴雨中的孩子一根可依靠的支柱，可能刚说了这样一句话，孩子就已经感觉平静许多了。

但是，尽管第二种方案很有效果，却并不是所有妈妈都能成功使用的，那么需要注意哪些方面的内容呢？

一定做到将心比心。

在解决孩子情绪问题上，这一点已经反复强调了很多遍。很多妈妈总是站在事态之外去处理孩子的问题，总是用一种"过来人"的身份来指点他，并不停地点明他的心理，而非理解他的想法，并不愿意听孩子解释自己的真实内心。这种情况非常糟糕，如果孩子感觉你并没有理解他，他的烦躁会越发严重，最终可能并不愿意和你有再多的沟通。尤其是年龄大的孩子，这一点更要注意，不要擅自揣测孩子的心理，多了解、多沟通，在知道真相的基础上再去理解，孩子会更愿意接纳你的劝服。

确定问题到底在哪里。

孩子怕黑，你非要告诉他一个人能独立有多重要，这中间的跨度太大了，孩子不会认为你在帮助他，反而觉得你给出的解决办法一点作用都没有。如果你不能找到孩子问题的真正所在，并没有针对这个问题来展开思考和帮助，那么你就是在做无用功。

这个时候，我们需要使用综合能力，观察的同时也要多询问，同时还要多思考。通过观察来确定孩子当下的状态，在心里有一个大概的情况认知，然后通过询问去确定这个认知，或者重新定义认知，并在孩子表达的过程中进行积极思考，寻找合适的解决方法。

提升自己的能力。

不得不说，有的妈妈真的是能力有限，甚至就连她自己面对同样问题时都手足无措，就更别提怎么帮助孩子了。比如，妈妈自己就怕黑，你又能用什么方法来帮助孩子克服对黑暗的恐惧呢？如果你不先让自己勇敢起来，孩子又怎么能学会勇敢？

所以，帮着孩子分析处理问题，真的可以算作我们查漏补缺再成长的大好机会。发现问题，可以通过读好书、听好课、多查阅等多种方式来提升自己应对问题的能力。学着锻炼自我，通过各种途径让自己强大起来，孩子也会跟着我们受益。

第八章
教孩子学会自我管理
——掌控自己的生活和情绪的关键

　　情绪是每个人的自有物，所以也需要每个人自己去主动进行处理，毕竟不会有人能长时间帮忙处理他人的情绪，哪怕是妈妈对孩子的帮助也是如此。孩子需要学会掌控自己的生活与情绪，需要学会进行自我管理，毕竟未来的路还需要他自己独自走下去。

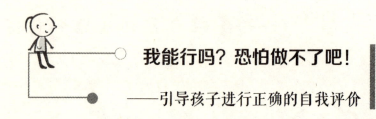

我能行吗？恐怕做不了吧！
——引导孩子进行正确的自我评价

自我评价是自我意识的一种形式，是主体对自己思想、愿望、行为和个性特点的判断与评价。正确的自我评价可以帮助一个人建立自信、认清自我价值，是自我教育的重要条件。孩子在不断成长过程中，对自我的人格特征有越来越清晰的认知，就会出现自我评价。

事实上，孩子一直都在探寻"我是谁"这样一个问题，从出生一直到青春期，他都要面对这个问题，并一直寻找答案。开始的时候，孩子会先注意自身，然后他会注意到自己可以做到的事情，再之后就会出现诸如"我不怕黑"等心理，还会和他人进行比较，慢慢地他会越来越注意到真实的自我。

虽然这个过程的发展是可喜的，但我们却没法确定孩子对自己的评价，他可能会因为各种原因而对自己做出错误的评判。比如，上幼儿园的孩子有时候会认为，"别的小朋友有漂亮裙子，但我没有，我就不漂亮"，上小学的孩子也会发现，"我不像他们那么活泼，我可能没有朋友"，而到了青春期，孩子可能会变得更加怀疑自我，"我不行，做不到！这对我来说太难了"……如果孩子不能正确评价自我，那么在日后的发展过程中他可能会采取错误的方式，并出现更多令他不满意的结果。

不用自己想当然的标准来要求孩子。

绝大多数的妈妈对孩子说过这样一类话，"如果你……，我就不喜欢你了""你如果不……，那么以后就不许……""你要听老师的话，否则老师就不喜欢你"……妈妈认为这样的表达是在给孩子立规矩，是在纠正他的错误，但是孩子却会从这样的表达中接收到这样一种价值取向，那就是他应该怎么去讨他人的喜欢。

由此可见，这实际上就是我们在用自己想当然的标准来要求孩子。成年人的言辞行为对孩子的内在会产生一种指向性的作用，简单来讲，就是孩子会依据成年人的评价来建立对自我的评价。如此一来，孩子就没有在自己的评价里成长，反而是在他人的评价中挣扎。久而久之，他会过分在意他人的评价，对自己反而没有了清晰的认知。

所以，在帮助孩子正确评价自我时，我们要意识到这并不是要把我们自己的所谓标准教给孩子，而是要让他根据自我与社会的需求来建立起对自我的评价。要实现这一点，需要我们尊重孩子这个独立的个体，鼓励他实现自我价值，认同他的成就感……可以给他最基本的原则标准，比如做人的原则，做事的标准，让他知道怎样为人处世是恰当的，怎样表现可以让自己有正向收获……以此来让孩子进行合理的自我评价，并慢慢由此形成自己的评价标准，既有自己的评价，又与各种积极正确的社会规则合拍。

引导孩子学会正确面对自己。

要做出正确的自我评价，需要孩子自己学会正确地面对自我，而不是由我们来全权代替他做出某种评价。

> 孩子放学回家，告诉妈妈下午刚刚在学校打了预防针。
>
> 孩子说："妈妈，我今天打针一点都没哭，我是不是很厉害？"
>
> 妈妈弯下身说："你每天都在进步啊！小时候打针你还会哭，还会闹着不去，现在正在变得越来越勇敢啦！"

孩子对自我的判断有时候会带有犹豫的成分，所以他会问妈妈"我是不是很厉害"，同时他也期待得到妈妈对他的评价。而妈妈说"每天都在进步""越来越勇敢"，就是在给孩子一个信号，让他意识到自己有所改变，在变得与之前有所不同。这样的引导式评价，会让孩子明白自己的进步，会意识到自己在不断变化，这有利于他的自我努力。

越是在孩子遇到挫折时越要谨言慎行。

孩子会在生活、学习的各种领域来分别评价自己的能力，这些印象整合在一起就是他的自我评价。而在成长过程中，他对自己越来越了解，也会建立起越发复杂的自我形象，并对自己的人格特质加以评价，从而形成某种自尊。孩子的自尊会在遭遇挫折时有很强烈的表现，如果我们言行不当，盲目批评指责，只会让他的自尊受损，并对自己做出错误的判断。

所以，不要给孩子太多负面信息，类似"你再这样，我就不喜欢你了"的说法，这并不能让孩子平静下来，他会越发否定自己，也会更加难过。所以，越是在孩子遇到某种挫折的时候，妈妈越是应谨言慎行。

这么小看我，那干脆就不做了

——正确评估并相信孩子的能力

每个孩子都是一个不可预知的存在，你永远不知道在他小小的身体里蕴藏着怎样的能力、小小的大脑中有着怎样的想法，他可能会在你意想不到的时候有让你感到十分吃惊的表现。

然而有的妈妈对孩子的能力却并不是那么确信，不管孩子的身心成长到什么状态，她总是坚信一点——孩子什么都需要我操心，如果我不管，他就会出乱子，离了我，他肯定不行……

吃完晚饭，孩子对妈妈说："今天我来洗碗、洗盘子吧！"

妈妈一皱眉："不用！不需要你操心。"

孩子坚持道："我不会摔了碗的，我保证，我能拿住。"

妈妈却说："不需要。摔碎东西太不吉利了。"

孩子央求："就这一次，您看看，我肯定能刷干净。"

"不行，还有一个锅呢。"妈妈继续说："你得费多少水和洗洁精？这都几点了？有那个工夫还不如多做几道题。"

孩子坚持了一会儿，看妈妈实在不松口，便也不再勉强。

在这之后，他偶尔也会提一句想要帮着刷碗，但都被妈妈否决了。

直到有一天，妈妈实在太累，对已经上了初中的孩子说："今天你帮妈妈刷一下碗吧！"

孩子无动于衷，妈妈又说了一遍，孩子才不情愿地说："我不刷，我怕摔了碗还刷不干净，到时候又该挨训了。我作业还没写完，先写作业了。"

妈妈满心不是滋味。

当我们不信任孩子的能力时，孩子也会用一种让我们意想不到的方式来"回馈"这种不信任。最开始觉得不服气的是孩子，但之后感觉遗憾的终将是我们，孩子会随着我们的态度而有相应的变化，他可能本来是有能力做更多的事的，然而我们的态度却让他的能力发展出现了偏差。

所以，我们应该正确评估孩子的能力，给予他最起码的信任。

已经教过的事情，就放心让孩子去做。

孩子一路成长，我们会教他各种生活技能，也教他应对各种问题。既然已经教过了并确认他学会了，我们就要确定，孩子已经具备了这个能力，接下来就要给他足够的练习时间，允许他犯错，直到他经历磕磕绊绊、慢慢吞吞，最终到熟练地如同呼吸一般去操控自己的能力。而对于他的错误，点出来，或者在他求助的时候给予建议，哪怕是再教一遍，都好过你的冷嘲热讽与上手帮忙。越是信任孩子，他越能更快地用自己的良好表现来回馈这份信任。

给予孩子更多的试一试的机会。

孩子对于新鲜事物都有好奇心，我们只需要给他更多的试一试的机会，允许他去尝试，让他能有更丰富的经历。

也许孩子第一次尝试就成功了，那就意味着他的能力是足够的；也许他没成功，但他还想继续努力，而且也不是没有希望成功，那就再让他试一试；也许他失败得很彻底，这也证明了此时他的确没有能力做到。不管怎么说，试一试之后，孩子都是有收获的，这对于他的能力增长会有很大的益处。

对于孩子的能力，不小看，也不高估。

孩子的能力需要得到正视，让他能意识到自己有怎样的能力、可以做到怎样的事就足够了，不需要反复强调"你做不到"，也不需要没完没了地催促"你不试试怎么能行"。

其实孩子对自己的能力也是有一定的判断的，就像在空间敏感期时，孩子会喜欢爬上跳下，有的妈妈觉得这太危险了，但实际上，孩子是可以自己判断的，他能够知道自己能不能跳下来，能不能爬上去，只要你在一旁给予应有的保护，孩子一般都不会出什么问题。

这就要求我们放平心态，尊重孩子的自我成长规律，他能做到多少就做多少，这样一来他能自由地发展自己的能力，我们也会相对比较轻松。

专注于自己的孩子，而非他人的标准。

有的妈妈习惯于用一种同龄榜样来刺激孩子产生奋进的心，所以才会有那么多的"别人家的孩子"，但是从孩子的角度来看，这就变成了"妈妈喜欢的是别人，而不是我"。

每个孩子都有自己的成长规律，有的孩子就是说话晚，有的孩子就是计算慢，有的孩子就是要反复听几遍才听得懂。与其关注别人的能力进度，还不如把关注点拉回到我们自己孩子身上。因为你很了解昨天的孩子，经过与今天的对比，你就能发现他的进步，对这种进步的肯定才是孩子需要的。

我有能力，但妈妈不给机会啊

——放手，给孩子自我管理的机会

自我管理强调自律性，自己知道在什么时候做什么事，什么事要做到什么程度。能很好管理自我的孩子，会成长得更快，其能力也会更扎实。这是一个显而易见的道理，却并不是一个被普遍接受的道理，或者说我们认同这个道理的理论正确性，但并不愿意在实际生活中去实践它。

于是我们就要经历很多的"麻烦"，比如下面这个场景：

孩子原本已经学会了收拾自己的房间，然而每次妈妈都会不断挑刺，总是指责孩子这里没弄干净，那里还乱着。说到急切的时候，妈妈干脆就自己上手了。不仅如此，妈妈还屡次说孩子："你这能力太差了，和妈妈比差远了。"

久而久之，孩子整理房间的次数越来越少，因为他觉得，"既然妈妈每次都觉得我弄不干净，那我也干脆就不动了，反正我的能力不如她，她都要自己来，这很好呀！"

我们总是在意这种一时的干净、整齐，或者在意自己的迅捷、轻松，但却完全不去思考未来要怎么办。也许有人会说了，孩子已经会自己整理房间了，我不过是在帮他养成整洁的好习惯。但这哪里是在帮助孩子养成好习惯，分明是我们自己的习惯和霸道的权威导致我们不能接纳与自己不同想法的存在。

妈妈不可能永远为孩子整理一切，孩子年龄越大，就越发不愿意接纳妈妈的种种干涉，所以我们也要治一治自己"强迫爱孩子"的症状了。

不要让孩子控制你。

当孩子明明有能力，却得不到施展的机会时，他会发现，原来自己示弱、什么都做不好，是可以调动起妈妈的全部关注的。而他会反抗，可能是因为想要为自己争取一下，但也有可能只是想要让这种被关注的情况持续得久一点，所以他会表现得什么都不做，然后等着无法忍受的你找上他，哪怕是训斥，对他也是一种关注，更何况过后你还会帮他做各种事。而一旦你顺从了他的意愿，就意味着你已经被孩子掌控了。

为了避免这样的情况，你应该适当放开手，每个人都有每个人应该做的事情，也有他自己应该负起的责任。而管理自我，是一个人最起码的责任，你不帮他管理，并不代表不爱他，你和孩子都应该搞清楚这二者之间的关系。

接纳孩子管理得一团乱的现状。

你到现在可能都没办法做到完全的自我管理，比如，你也会拖拉、懒惰，也就是说你自己依然处在成长之中。孩子也是一样的，当时的一团乱并不代表他的能力到了极限，以致他真的无法自己应对了。

要做到管理好自己，孩子需要做很多事情，他需要一件一件来，我们要有耐心。他只是能力不足，所以我们不妨多鼓励他，而不去想一团乱多么让你心烦。毕竟，这一团乱是孩子的事情，而非你的，你完全可以选择不去干涉，而是信任孩子，给他时间，等待他的成长。他总能在某一刻纠正混乱的秩序，将自己管理得有条理起来。

教孩子把他应该做的事好好做好。

自我管理包括的内容很杂，从基础的生活到日后的学习，再到未来的目标、理想、思想、行为的有序发展，孩子要做到自我约束，自我激励，自我处理。所以从日常的生活，到学习的方法，再到对自己思想的梳理，我们应该给予他正常的教学示范和适当的建议引导，让孩子的学习能有本可依，从而更清楚地知道他要学习的内容对他自己的人生有怎样的意义。

对于这些内容，我们一定要带着一种"对孩子人生负责"的态度去教，而不要只想着"孩子应该学，但现在我只是让他试试"。带着前一种态度我们会尽心尽力，而带着后一种态度则可能只让孩子去尝试新鲜，但并不会放手让他自己去做。我们适当调整自己的态度，对于孩子到底能学到什么程度、做到什么程度将会产生很大的影响。

要放弃了，我坚持不住了

——培养孩子"坚持"与"再试试"的勇气

相信做妈妈的都希望孩子可以做到在困难面前不低头，遇到问题可以想办法解决，哪怕经历失败也能迅速爬起来再战……可是很多孩子是急躁的，一上来就强烈要求成功，一旦不能成功就开始气急败坏，如果不能补救，他还会彻底放弃，并因此大发雷霆，可能还会抱怨他人，更多的也可能是抱怨自己。

难道不是这样吗？来看一个我们可能都很熟悉的例子：

孩子跟着妈妈学习跳绳，但手脚不协调，他跳不了几个。看着做示范的妈妈跳得很顺畅，他忽然就愤怒了，一下子扔掉了跳绳，蹲在地上大喊："我不跳了，我就是笨，我就是学不会，不跳了！"

妈妈停下来，安慰他说："最初都是跳不好的，你得多练习，然后才能跳得好。本领都是练习出来的，哪有天生的？"

"我不跳！"孩子坚持："我学不会。"

妈妈皱着眉说："那以后你考试怎么办？"

孩子干脆地说："不怎么办！我不跳了，现在不跳，以后再说。"

说完，孩子跑去玩别的了。

孩子对于不能让自己立刻感受到快乐的事情，一般都没有太大的兴致，而且现如今的孩子备受宠爱，也受到了太多的夸奖，反倒不能接受自己的失败了，一有一点小波折，他宁愿绕开，宁愿承认自己是笨蛋，也不肯坚持一下、再试一次。

孩子变成这个样子，与我们平日的教育不无关系，所以如果孩子遇到挫折就退缩，你一味地鼓励他、反复地把他往前推是不管用的。我们应该调整一下心态，换一换教育方式，让孩子能重新具备"再试一次""坚持一下"的勇气。

给孩子一种动态的关注。

孩子告诉你，"妈妈，我这次随堂小测验得了满分"，如果你关注的是结果，那就是静态的关注，因为结果是不会变的；但如果你关注的是努力，那就是动态的关注，因为努力是不会停歇的。我们应该更关注孩子努力的过程，也就是一种动态的关注，这就能促使孩子更愿意时刻保持努力，而非刻意在意每一次的结果。

让孩子自然体会失败与困难。

孩子之所以不愿意接纳失败与困难，是因为他可能很少经历这些，我们的全包全办，替孩子扫清了一切障碍，让他感觉做一切事情都是非常简单的，各种或大或小的成功唾手可得。

现在我们就要改变孩子的这种认知，当孩子摔倒了，鼓励他自己爬起来要比过去把他扶起来好得多；孩子考试失败了，让他自己去体会失败，并鼓励他自己去寻找原因、解决问题，要比训斥他一顿再帮着他四处找老师、带着他去补习功课要管用得多。经历得多了，孩子对于失败、困难也就能够正视了，会认为那不过是前进中的一个坎儿，迈过去就好了。

不要用奖励来诱惑他坚持。

孩子遇到了困难不愿意坚持，有的妈妈就说了："你再坚持一下，只要你克服了困难，我就给你买你最喜欢的东西。"这很可能不会让孩子学会坚持，却反而会让他学会交换，想要某个东西，那就努力一下克服困难；一旦没有什么需求了，那就放弃。用奖励来诱惑孩子坚持，是无法让他意识到坚持其实是为了自己的。

我们应该让孩子意识到失败都是自己的问题，要解决问题得靠自己，与外界的任何诱惑都无关，自己的努力才能推动未来的转变，而不是依靠外界的诱惑。

理智对待任何一种结果。

虽然说要注重孩子的努力而非结果，但并不意味着这个结果是不重要的，只不过这需要我们理智来看待。

如果孩子成功了，就感谢他的分享，让他知道好的结果是人人都愿意看到的。这时不要说"再努力会更好"，否则会让孩子误以为自己的努力是不能令妈妈满足的，可以给出"看到你这么努力我很开心"等类似的表达，我们不刻意强调得太多，孩子自然也就不会骄傲起来没完。

如果失败了，就尽量像平常那样对待他，让他放松下来。如果他想要谈一谈，可以满足他的需求。或者，选择他情绪不那么激动的时候，和他谈一谈，不带着批评的态度，而是一种耐心的询问、出于帮助的关注，让他感受到温暖，他可能反而更容易坚持下去或者再试一次。

唉，又失败了，我真没用，不干了

——重视培养孩子的抗挫力

挫折是人生道路上不可能避开的障碍，那些具备良好抗挫能力的人，总能快人一步走出挫折带来的负面情绪，纠正错误，从而战胜挫折，而那些动不动就说"我没用""干不了"的人，可能就将长久，甚至于永远停留于这一次挫折之上，人生就此颓废了事。

在现实生活中，大部分孩子的抗挫能力都有待提升，这是因为很多妈妈会有意无意地屏蔽掉孩子生活中的种种负面的东西，又或者是在他经历挫折时，给予全方位的帮助。孩子最终会形成两个认知，第一个认知是"我不会遇到挫折"，第二个认知则是"即便真的遇到了，也会有妈妈帮忙"。这是非常危险的，孩子总会有独自遇到困难的时候，不能自己抗挫的话，不仅解决不了问题，更重要的是这种从未有过的经历，可能会打垮他的自信心。

作为妈妈，应该是孩子成长的助力，而非他建立个人意志力与自信心的阻力，所以应该重视对孩子的挫折教育，并激励孩子不断提升自己的抗挫能力。

做好你该做的事情，不要做不需要插手的事情。

你是否能分清什么事是你该做的，而什么事是你不需要插手的呢？

比如，3 岁的孩子拿着一小盒积木，没拿住，积木盒子掉在地板上，积木撒了一地。

这样一个场景中，你该做的事情是：提醒孩子捡起盒子，并把积木都放回到盒子中去，最后再嘱咐他以后要把东西拿稳。而你不该做的事情则是：训斥孩子不小心，帮着孩子收拾残局，并反复强调"以后不许拿着积木盒子到处跑"。

从这一件小事来看，那些应该做的事包括事前的提醒、事中的帮忙、事后的总结，而不应该做的事情则是训斥、完全插手帮忙和"事后诸葛亮"。孩子需要对这个挫折有一个全身心的体验，我们只能给予他基本的点拨与提醒，过多的帮助会让孩子认为这并不是个挫折，同时也将没有主动应对挫折的意识。

重视挫折的自然而然发展，而非刻意制造或忽略。

我们没法预计孩子可能会在什么时候遇到挫折，能做的就是当挫折到来之时，让孩子自己自然体会，并根据已经到来的挫折给出恰当的指导意见，也就是让孩子感受到"生活中时刻都可能出现挫折"，这就够了。

不要为了让孩子体验挫折就去制造挫折，那些临时抱佛脚一样的吃苦训练并不会培养孩子应对挫折的能力，反而可能会让他觉得那就是一次有意思的玩耍经历。

同时也不要用忽略的方式来刺激孩子自己主动应对挫折，否则他会感觉孤立无援，尤其是对于并没有自己独立处理问题经验的孩子来说，这无疑会让他的安全感也随之降低，感到难过，你觉得他此时还有心思自己去处理问题吗？

从你做起，努力寻求负面事情的积极意义。

如果想让孩子有足够的抗挫能力，妈妈就要转变自己的内心，从自己做起，去努力发现这样一个事实——任何一件负面的事，可能都会有积极的意义。当我们有了积极的内心，再引导孩子时也会从更积极的层面去入手。

比如，孩子不肯按时上床睡觉时，你反复强调"早睡早起是好习惯"是不管用的，但如果你和他分析"晚上的时间是有限的，你玩得多了就睡得少，但如果你早睡早起，没准儿你还能早玩一会儿"，他就会自己去思考，自己去发现看似并不讨喜的一件事可能会有怎样的让自己惊喜的一面，不仅便于他接受，还能让他学会辩证思考。

你不把孩子的挫折当问题，他就不会那么紧张。

你肯定不会对着刚学走路的孩子训斥类似的话："你怎么这么笨，连走路都学不会！"你一定是反复鼓励他："没事，站起来，我们继续努力，刚才走得挺棒！"并且你内心一点都不焦急，反而满是惊喜，满是爱。

同样道理，逐渐长大的孩子遇到的种种挫折其实就是他走路过程中的一次次摔倒，这没什么大不了的，你不能比他先陷入一种忧愁烦恼之中，而要内心充满爱。你要比他镇定，然后用自己的镇定来冲淡他慌乱的情绪。如果你不发火，你能理智看待他的问题，孩子也将能平静下来去努力应对，并更愿意向前看，往前走。

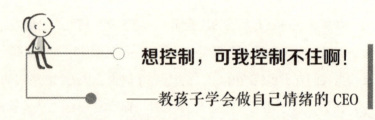

想控制，可我控制不住啊！

——教孩子学会做自己情绪的 CEO

孩子对于情绪的控制是不完善的，这是一个不容我们忽视的事实。每一个负面情绪对于孩子来说都是一种精神上的打击，他恨不能调动全身所有的细胞对抗它，但有时候他却没有更多的有效办法解决，只能发泄自己的情绪，这可能并不是他自己能控制得了的。

我们习惯于管教孩子的情绪，但这种管教只是你对孩子情绪的掌控，或者说你意图去摆正孩子的情绪问题，而非孩子出于自我意愿地去调节情绪，他依然只是负责发泄情绪，而你则负责给他灭火。所以日后他一旦有了情绪，还是得你去努力。你自以为训斥一顿或者强压他，让他安静了，但你不过是让自己暂时清净一下罢了，孩子对于情绪的纠结不仅没有改善，反而可能会因为日积月累变得越发难以控制。

一个真正为孩子着想的妈妈，其角色应该是孩子管理情绪的教练，教他自己去面对、解决情绪，让他成为情绪的掌控者，而不是让他被动地接纳他人对他情绪的镇压。

教孩子直面自己的情绪。

孩子需要先直面并接纳自己的情绪，至少意识到情绪是他不可分割的一部分，他才不会对其有不知所措的感觉。

在这方面，我们的榜样作用和理智的解释是有必要的，同时家庭成员之间在情绪面前的互动对孩子也将产生影响。比如，妈妈在生气，如果爸爸也跟着生气了，就会让孩子感觉"原来情绪是这么不好的东西，会让大家都不高兴"，他可能会因此更厌烦，更加不能直面情绪；但如果爸爸给予了妈妈理解和安慰，并帮助妈妈摆脱了坏情绪，这就会让孩子意识到"原来情绪并不是不能摆脱的，是可以消除的"，那么他也就不会觉得情绪是不能战胜的了。

引导孩子关注情绪本身与其本源之间的联系。

所有情绪的产生都是有其来源的，要解决情绪问题，就必须寻求其本源。只不过，引导孩子去关注本源与情绪的关系，需要在孩子情绪平稳之后，不要在他还发怒的时候去问他"你是不是和同学吵架了"，这会让他在愤怒的情绪之上增加被看穿的羞愧。越大一些的孩子，越不喜欢被他人轻易看穿。先要让孩子泄了火，再让他发现自己闹情绪的原因，并引导他思考，如果问题得到解决，以后是不是还会有这样的情绪？如果下次再遇到同样的问题，怎样做就可以避免这样的情绪？经过一番思考与总结，孩子以后也就慢慢能学会处理情绪了。

教孩子管理情绪而不是压制情绪。

情绪如果憋着不发出来，肯定会伤害孩子的身心健康，所以管理并不意味着压制，而是让孩子感受、识别自己的情绪，并理顺情绪爆发的过程，同时锻炼自己学会平复这种躁动。

将平复情绪的方法教给孩子，比如转移注意力，数数、深呼吸，和他想要倾诉的人去倾诉一下，偶尔允许他在安全地带使用安全工具（枕头、纸张等不影响他人的用具）发泄一下，或者干脆大吼两声、大哭一场。

也可以趁着孩子平静时和他讨论这个话题，让他预想在某些情况下自己可以怎样应对，并有意识地锻炼他去应对，提升他自我掌控的能力。

帮助孩子合理表现情绪。

做自己情绪的CEO，除了管理已爆发的情绪，孩子还要学会合理表现情绪，怎样的情绪表现是合理的，怎样的情绪表现是没必要的，他要把握好这个度。

比如，经历了挫折失败，他可以哭，以痛哭来表达一种懊悔、委屈的情绪，但他也可以选择平静面对，因为失败帮他发现了自己的缺点，他有了可以弥补的机会。有很多事情，选择一个合适的角度去看待，也许就会有不同的感受。

当然，真的受了委屈，可以哭吗？没问题的，孩子可以让自己的情绪发泄出来。只不过他可以控制这个情绪爆发的时间和程度，不需要那么歇斯底里地哭闹个不停。

祝愿每一个孩子都能做自己情绪的CEO，加油！